Heike Führ wurde 1962 in Mainz geboren, ist verheiratet und hat 2 erwachsene Kinder - seit 3 Jahren lebt Seelenhund Smiley bei ihr und ihrem Mann.

Sie ist seit 1994 an Multiple Sklerose erkrankt und führt zur Information darüber eine Webseite, sowie eine gleichnamige sehr lebendig laufende Facebook-Seite. Sie ist mittlerweile eine routinierte Bloggerin und arbeitet für mehrere Projekte.

Sie hat bereits 11 MS-Begleitbücher, 2 Kinderbücher, ein „Glücks-Buch" und ein „Freundschafts-Buch", sowie Kochbücher, u.a. „LOW CARB für UNTERWEGS" geschrieben.

Heike Führ ist ausgebildete Erzieherin mit vielen pädagogischen und psychologischen Fort- und Weiterbildungen. Sie belegte auch mehrere Kurse für „Yoga mit Kindern". Diese intensive Zeit und ihr pädagogisches Wissen prägen auch ihr Schreiben.

http://multiple-arts.com/

http://heikef.jimdo.com

Die zweite Leidenschaft der Autorin gilt neben dem Schreiben dem Malen und Zeichnen. Auf Facebook ist sie hier zu finden:

„Impressionen - Malen, Zeichnen & Mehr"

https://www.facebook.com/IMPRESSIONEN.Kunst/?fref=ts

Heike Führ

HOFFNUNG

Vom Pessimisten zum Optimisten

\>Hoffnung – Vom Pessimisten zum Optimisten<

© 2016 Heike Führ

Originalausgabe November 2016

© 2016 Herstellung und Verlag:

BoD – Books on Demand, Norderstedt

ISBN: 9783743101814

© 2016 Satz, Layout: Heike Führ

Cover-Foto: Heike Führ

Naturfotos: Copyright Norbert Dittmar (gekennzeichnet)

Alle Rechte vorbehalten.

All Rights reserved - Das Werk darf - auch teilweise - nur mit Genehmigung des Verlags und Autors wiedergegeben werden.

ISBN: 9783743101814

Bibliografische Information der Deutschen Nationalbibliothek: Die Deutsche Nationalbibliothek verzeichnet diese Publikation in der Deutschen Nationalbibliografie; detaillierte bibliografische Daten sind im Internet über http://dnb.de abrufbar. Printed in Germany

INHALTSVERZEICHNIS

Vorwort

Kapitel 1 HOFFNUNG
- Hoffnung
- Was bewirken Hoffnung und Zuversicht?
- Typisches rund um die Hoffnung
- Was ist das Gegenteil von Hoffnung?
- Hoffnung und „OHNE Hoffnung"

Kapitel 2 LERNEN
- Jeder Tag ist ein neuer Tag
- Persönliche Beziehungen
- Hoffnung und unser Körper (Selbstheilungskräfte)
- Unterbewusstsein
- Gewohnheiten (ändern)
- Gefühle
- Mentales Training (MT)
- Selbstwirksamkeits-Erwartung
- Kompetenzen
- Kompetenzen erwerben
- Selbstvertrauen
- Selbstdisziplin
- Selbstmanagement
- Loslassen
- Gelassenheit
- Sorgenvolle Gedanken
- Schuldgefühle
- Freundschaften finden
- Vertrauen
- Sinnhaftigkeit
- Achtsamkeit
- Coping = Bewältigung

Kapitel 3 LACHEN
- Lachen

Kapitel 4 Behinderungen
- Menschen mit körperlichen Beeinträchtigungen

Kapitel 5 Hoffnungsrezepte
- „Grün ist die Hoffnung"-Torte
- Smoothie „Kap der süßen Hoffnung"
- Lachs-Spinat-Rolle „Glücksgefühle"

Kapitel 6 Meine Texte
- *Hoffnung
- *TOLERANZ
- *Verpasste Gelegenheiten
- *VERTRAUEN
- *Wie die Anderen sein
- *Coping
- *Resilienz
- *STRESS
- *Seelen-Vampir
- *Work-Life-Balance
- *LOSLASSEN
- *„Immer, wenn man Dich sieht, bist Du am Lachen!"

Kapitel 7 Impressionen

Kapitel 8 Zitate

Schlusswort

Links

Hinweis

Für dieses Buch wurde sehr sorgfältig recherchiert – allerdings ist es kein wissenschaftliches Fach- oder Lehrbuch. Alle angegebenen Informationen wurden nach bestem Wissen und Gewissen zusammengetragen und weitergegeben.

Das Buch und seine Inhalte sollen dem Leser dazu verhelfen, eine Hilfe zur Selbsthilfe zu finden und eigenverantwortlich den eigenen Erfahrungshorizont zu erleben und zu erweitern. Es stellt trotz der ausführlichen Hintergrundinformationen immer nur eine Orientierungshilfe dar und kann niemals den Besuch eines Arztes ersetzen, wenn man professionelle Hilfe benötigt.

*„Die Hoffnungslosigkeit ist schon
die vorweggenommene Niederlage."*
-Karl Jaspers-

Vorwort

Lieber Leser,

Hoffnung ist ein großes Wort. In die „Hoffnung" wird viel hinein interpretiert, in die Hoffnung wird vor allem viel hineingelegt.

„Hoffen wir mal", „Ich gebe die Hoffnung nicht auf!", oder „Hoffentlich passiert ihm/ihr nichts!" - Diese Liste könnte man endlos weiter führen. Jeder Mensch wird seine eigenen und ganz individuellen Hoffnungen haben. Chronisch kranke Menschen werden vor allem hoffen, dass sie nicht noch kranker oder lieber gar wieder gesund werden. Manche Hoffnungen gehen in Erfüllung, andere Hoffnungen erfüllen sich nie...

Hoffnung ist wohl der wichtigste Kraftspender, den wir haben. Der Satz: „Die Hoffnung stirbt zuletzt!", gibt in Zeiten, in denen uns die Kraft fehlt, viel Halt - es hält uns dann sozusagen die Hoffnung.

Und auch wenn wir „hoffentlich" über die Fähigkeit zum Hoffen verfügen: sie fällt keineswegs einfach vom Himmel. Es wird immerhin vermutet, dass sie der eigenen Lebenseinstellung entspringt.

Dies schenkt uns die unglaublich wertvolle Möglichkeit, viel dafür tun zu können, dass und WIE uns diese Kraftquelle zur Verfügung steht, sollten wir sie brauchen.

Sicher ist, dass Hoffnung in unserem täglichen Sprachgebrauch etwas Positives ist - ein positiv besetzter Begriff, der auf eine bessere Zukunft ausgerichtet ist. Die Erfüllung ist in der Vorstellung des Hoffenden meist realistisch – sogar auch dann, wenn die Wahrscheinlichkeit des Eintreffens jenes hoffnungsvollen Ereignisses eventuell gering ist.

Die Basis eines hoffnungsvollen Lebens und der entsprechenden Einstellung dazu ist unter anderem:

- **Eine positive Grundeinstellung zum Leben**
- **Die Überzeugung, dass alles auf seine Art einen Sinn hat**
- **Ein kraftvolles Ja zu allem, was kommt**
- **Der Glaube daran, dass wir meistern können, was sich uns an Herausforderungen stellt**

Das alles hilft uns auch in sehr schweren Phasen genug Kraft, Ausdauer und Mut zu haben, zuversichtlich und hoffnungsvoll zu bleiben und dabei noch ebenso zuversichtlich in die Zukunft zu blicken. Hoffnung pur sozusagen!

Trotz einer hoffnungsvollen und zuversichtlichen Grundeinstellung wird natürlich niemand vor Schmerzen, Enttäuschungen oder Misserfolgen geschützt sein. Das wäre ein ungesunder Irrglaube. Aber dieser Optimismus kann bedeuten, dass man auch durch schwere und schmerzhafte Phasen des Lebens gehen kann und dabei darauf vertraut, dass es sich alles „richten" wird – und falls doch nicht, dass man auch diese Phase schaffen wird – wie so viele andere schweren Phasen vorher womöglich schon ebenso!!!

Derjenige, der hoffnungsfroh, zugewandt und konsequent daran arbeitet, eher vertrauensvoll und positiv durchs Leben zu gehen, wird es auch insgesamt im Leben leichter haben.

Auch wenn wir Hoffnung als etwas Zerbrechliches betrachten, werden wir - wenn wir es zulassen - beobachten, dass Hoffnung etwas STARKES ist. Ein beruhigendes Gefühl, das Balsam für unsere Seele, Körper und Geist ist, das uns stärkt und Energie gibt. Im besten Fall verwandelt sich die Hoffnung von heute in die Realität von morgen.

Ich biete hier im Buch wieder einige „Theorie" an. Nicht um Sie damit zu „erschlagen", sondern um die Unerlässlichkeit vieler Kompetenzen und Zusammenhänge aufzeigen, die notwendig sind, um überhaupt hoffnungsvoll leben zu können. Beim Lesen stellen Sie vielleicht fest, dass Sie die eine oder andere Sichtweise verständlich, oder völlig unverständlich finden, dass Sie sie kennen oder sie Ihnen unbekannt vorkommt. Sie werden so Ihre Stärken besser erkennen und annehmen können und eventuelle „Defizite", die niemals wertend gesehen werden dürfen, „sehen" – so aber können sie daran arbeiten: Stärken ausbauen und intensivieren, Schwächen „überarbeiten" oder gar mit professioneller Hilfe angehen.

Ich habe zwar eine sehr fundierte pädagogische und psychologische Ausbildung, aber ich sehe mich hier trotzdem als Laie, der einfach Wichtiges zusammenträgt und Ihnen somit zusammengefasst den Weg zur Hoffnung darstellt. Ich möchte weder Lehrbücher neu schreiben, noch umformulieren – ich möchte Sie einfach teilhaben lassen an meinen Gedanken und Recherchen zum Thema Hoffnung und Ihnen damit vielleicht eine kleine Tür öffnen, mal hinzuschauen, zu reflektieren und um sich des Wortes und des Ausmaßes bewusst werden zu können.

Deshalb werde ich auch versuchen, Sie mit Impressionen, Texten und Zitaten anzuregen und Ihr Bewusstsein zu öffnen. Ich habe bewusst viele Fotos beigefügt – sie regen ebenfalls entweder zum Nachdenken an, oder Sie können in sie hineintauchen und sich darin verlieren. Das Buch soll alle Sinne ansprechen, damit Sie sich wohlfühlen und Ihnen das Lesen somit etwas einfacher fällt.

Mein Buch „Die Reise zum Glück – Der Weg ist das Ziel" ist sozusagen der Vorgänger dieses Buches. Ich habe bewusst die gleiche „Machart" gewählt, da das Feedback der Leser dazu sehr positiv war. So kann man lesen und eintauchen, aber auch das Buch einmal wieder weglegen, oder es querlesen und einfach nur genießen. ☺

Noch ein paar Worte zu „Behinderungen": Ich bin seit 1994 an „Multiple Sklerose" (MS) erkrankt - eine entzündliche Erkrankung des zentralen Nervensystems. Dies ist kein MS-Buch und doch kann ich nicht anders, als Thema Behinderung mit einfließen zu lassen. Das bin ich meinen treuen Lesern meiner MS-Begleitbücher einfach „schuldig" und ich erhoffe mir ebenso, dass hierdurch auch mach gesunder Leser ein etwas anderes Bewusstsein in Bezug auf „Behinderung" bekommt. Ich danke Ihnen dafür und wünsche nun jedem Leser viel Erkennen, Nachdenken, sowie Üben und Genuss mit diesem Buch!

Heike Führ

Hoffnung

Hoffnung (vgl. mittelniederdeutsch: hopen, „hüpfen") = so, wie vor Erwartung unruhig sein, springen, hüpfen, zappeln. Hoffnung ist eine zuversichtliche innerliche Ausrichtung, gepaart mit einer positiven Erwartungshaltung, dass etwas Wünschenswertes in der Zukunft eintreten wird, ohne dass wirkliche Gewissheit darüber besteht. Das kann ein bestimmtes Ereignis sein, aber auch ein grundlegender Zustand wie etwa anhaltende Gesundheit oder finanzielle Absicherung. Hoffnung ist die umfassende emotionale und unter Umständen handlungsleitende Ausrichtung des Menschen auf die Zukunft.
(Angelehnt an https://de.wikipedia.org/wiki/Hoffnung)

Nichts desto trotz kann Hoffnung von der Angst und der Sorge begleitet sein, dass das Erwünschte nicht eintreten wird.

Das Gegenteil von Hoffnung ist die Hoffnungslosigkeit, die Verzweiflung, die Resignation oder gar die Depression.

Neutral betrachtet heißt Hoffnung zunächst einmal, dass sie keine eindeutig positive Bedeutung haben muss. Das griechische Wort elpis heißt prinzipiell einfach „Erwartung". Erwartet wird etwas Zukünftiges und das kann sowohl etwas Gutes als auch etwas Schlechtes sein.

Im heutigen deutschen Sprachgebrauch hingegen besitzt „Hoffnung" einen eindeutig positiven Sinn. Man hofft auf das Gelingen einer Sache.

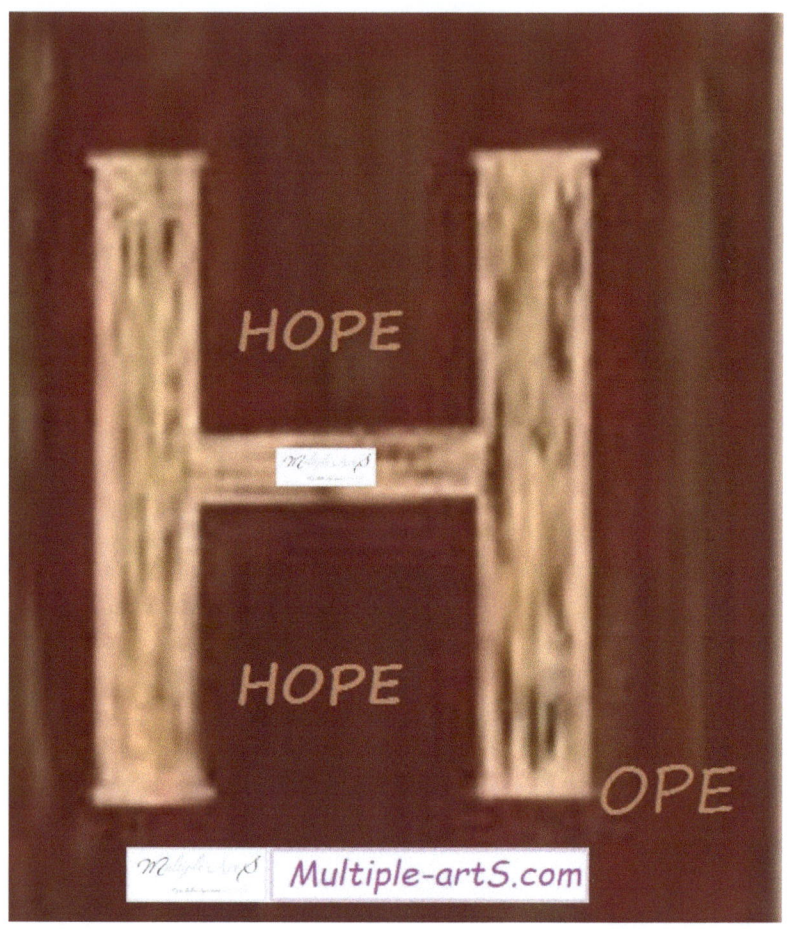

„Dieser positiv geprägte Sinn ist vorrangig auf die christliche Prägung zurückzuführen. Beispiele für diesen Sprachgebrauch sind etwa: „Es besteht noch Hoffnung", oder das Sprichwort: „Die Hoffnung stirbt zuletzt"; auch die veralteten Wendungen für „Schwangerschaft" wie „in der Hoffnung oder auch guter Hoffnung sein", zeugen von diesem positiven Sinn, in dem das Wort Hoffnung normalerweise gebraucht wird. Steht das Wort dagegen im Plural, hat es im Sprachgebrauch meist eine negative Wertung: „Du solltest Dir besser keine Hoffnungen machen." (https://de.wikipedia.org/wiki/Hoffnung)

Wenn man ausdrücken möchte, dass die Hoffnung nicht berechtigt ist, spricht man von einem Wunschtraum oder einer Illusion.

Und hier wird auch schon die Gratwanderung deutlich, die man (oft unbewusst) im Leben zwischen „Hoffnung und Illusion", sowie „Hoffnung und Verzweiflung" geht. Ein Weg, der so betrachtet äußerst schwierig erscheint. Haben wir allerdings die notwendigen Schlüssel-Qualifikationen und eine gesunde Sozialisation in der Kindheit erhalten, dürften wir diese Gratwanderung bewältigen können – einmal besser, einmal schlechter.

Natürlich gibt es die übertrieben „Hoffenden" ebenso, wie die ewigen Negativ-Denker. Beides sind Extreme, die die eigene Lebensqualität und die derer, die mit demjenigen leben, negativ beeinflussen. Sich eine positive Lebenseinstellung zu bewahren, auch im „Unglück", in Krankheit und schweren Tagen – das ist die Kunst.

Interessant ist, was Friedrich Nietzsche unter Anderem zum Thema Hoffnung schrieb: „Zeus wollte nämlich, dass der Mensch, auch noch so sehr durch die anderen Übel gequält, doch das Leben nicht wegwerfe, sondern fortfahre, sich immer von Neuem quälen zu lassen. Dazu gibt er dem Menschen die Hoffnung: sie ist in Wahrheit das Übelste der Übel, weil sie die Qual der Menschen verlängert."
(https://de.wikipedia.org/wiki/Hoffnung)

Daran sieht man die unterschiedliche Assoziation, die man mit dem Wort Hoffnung haben kann. Vom Licht am Ende des Tunnels, über eine eigene „Lebensphilosophie" des positiven Denkens bis hin zur negativen Beleuchtung – dem Übel.

Es liegt an Ihnen, sich Ihren Weg der Hoffnung zu ebnen.

Natürlich, das muss erwähnt werden, kann man schwere Störungen, die man in der Kindheit erfahrenen hat, nicht einfach mit ein bisschen „Hoffnung" wieder gut machen. Das kann ich hier natürlich auch nicht aufgreifen oder bearbeiten. Hier geht es um den „Otto-Normal-Verbraucher", der es eventuell gar ohne professionelle Hilfe (also alleine) schaffen kann, mit einer positiven Lebenseinstellung zu mehr Glück und mehr Hoffnung zu gelangen. Dies ist nicht wertend gemeint, aber solch ein Buch kann nicht völlig in die Tiefe gehen oder individuelle Probleme beleuchten.

Was bewirken Hoffnung und Zuversicht?

Foto: Norbert Dittmar

Hoffnung mobilisiert die Selbstheilungskräfte unseres Körpers und stärkt das Immunsystem.

Das heißt, eine **positive Erwartungshaltung** (und das IST die Hoffnung!!!) führt zu messbaren Veränderungen in unserem Körper. Der Verlust der Hoffnung wiederum kann bewirken, dass unsere Lebensenergie abnimmt und somit auch unsere Selbstheilungskräfte schwinden. Der Glaube daran, dass wir zum Beispiel auf gesundheitlicher Ebene das RICHTIGE tun (Medikamente nehmen oder auch bewusst auf sie verzichten, Sport treiben oder uns entsprechend ernähren und Vieles mehr...) – dieser Glaube daran ist die beste Medizin, die wir uns selbst verabreichen können.

Menschen ohne Hoffnung werden depressiv, da sie den Glauben an sich und an die momentane Situation, sowie in die Zukunft verloren haben. Sie denken, sie hätten keine Möglichkeiten des direkten Einflusses.

Wichtig ist natürlich auch, sich die gewonnene Hoffnung und Zuversicht zu BEWAHREN.

Wer positiv nach vorne schaut und davon überzeugt ist, dass er Einfluss auf seine Lebenseinstellung hat, hat auch mehr Kraft und Energie um das gesetzte Ziel zu erreichen. Er kann dabei sogar ruhig und positiv gestimmt bleiben und in diesem Zustand verweilen. Des Weiteren steigert er, wie oben beschrieben, automatisch seine Abwehrkräfte, erholt sich dadurch auch schneller von temporären Krankheiten und Operationen und kann mit chronischen Erkrankungen insgesamt besser umgehen. Zudem ist solch ein Mensch kreativer und das wiederum verschafft ihm auf verschiedenen Ebenen neue Möglichkeiten.

- Es ist wichtig, sich immer und immer wieder MUT und ZUVERSICHT zuzusprechen. Es hilft eventuell, eine schwierige Situation von „außen" zu betrachten: So, als ob Sie Ihr eigener Freund wären, der Sie zur Situation beraten würde. Diesen Abstand zu gewinnen, kann unglaublich gut helfen, die Situation besser zu erkennen und einzuschätzen.
- Erinnern Sie sich an Ihre Ressourcen, an all die positiven Erlebnisse, die Sie hatten, was Sie bereits gemeistert und überstanden haben!
- Meiden Sie bitte Menschen, die durch und durch negativ und pessimistisch sind. Wir brauchen niemand, der uns ein Drama konstruiert, sondern wir brauchen Zuspruch.
- Suchen Sie sich vielleicht und je nach Interesse Selbsthilfegruppen oder andere Kontakte, suchen Sie nach Vorbildern, oder erwägen Sie, eine Psychotherapie zu machen.
- Positive Gedanken sollten gefördert und negative Gedanken unterbrochen werden. Das „NEIN"-Wort, oder „STOPP"-Wort sollte man sich selbst vorsagen, wenn die Gedanken mal wieder Karussell fahren und man nicht aussteigen kann…. Glauben Sie daran, dass Sie das, was auf Sie zukommt schaffen! (Auch, weil Sie schon so Vieles geschafft HABEN!!!)
- Versuchen Sie, nicht allzu sehr mit Ihrer Erkrankung oder Ihrem Schicksal zu hadern oder auf Kriegsfuß zu stehen. Ich halte es immer für kontraproduktiv, GEGEN etwas KÄMPFEN

zu wollen. Das kann unnötig viel Kraft und Energie kosten. Dem Zustand aber die STIRN zu BIETEN, die Symptome einer Krankheit oder die Umstände einer Situation klar wahr- und anzunehmen, sich nicht unterkriegen zu lassen - das sind sinnvolle Strategien.
- Und befreien Sie sich aus einer eventuellen Opferrolle: Sie müssen nichts erdulden, nicht ausharren und nicht passiv bleiben: SIE sind der Akteur: Sie bestimmen, wie und wann Sie eine Situation verlassen!

Noch dazu können wir uns immer wieder überlegen, ob dies oder jenes wirklich sinnvoll, notwendig oder auch machbar ist. Eine liebe Freundin und ich haben diesen Satz für uns geprägt: „Wir müssen nichts!". Das verschafft uns ganz oft ungemeine Erleichterung im Umgang mit so vielen Dingen. Es nimmt den Druck heraus, den wir oft aus unserer Kindheit als Altlast mitschleppen. Sätze wie: „Da musst Du durch!" oder: „Stell´ Dich nicht so an!", können somit besser aufgelöst und in sinnvollere Bahnen gelenkt werden. Sich und anderen gegenüber achtsam zu handeln, kann hier der Schlüssel sein.

Typische Sätze rund um die Hoffnung:

„Hoffnung auf etwas - nämlich auf das erwünschte Ereignis".

„Jemandem Hoffnung geben, jemandem oder sich (falsche, große) Hoffnungen machen, jemandem Hoffnung oder Hoffnungen einflößen, jemandem die Hoffnung oder alle Hoffnung nehmen".

„Die Hoffnung hegen, die Hoffnung aufgeben, die Hoffnung verlieren, wieder Hoffnung haben."

„Begründete Hoffnung, beständige Hoffnung, falsche Hoffnung, große Hoffnung, trügerische Hoffnung".

„Grund zur Hoffnung haben, es besteht Anlass zu der Hoffnung, dass …"

„Zwischen Hoffnung und Verzweiflung".

„Jemandes (einzige, erste, ganze, größte, letzte) Hoffnung sein".

*Es trifft gewiss zu,
dass die Hoffnung eine Gnade ist.
Aber fraglos ist sie eine schwierige Gnade.
Sie fordert zuweilen unsere Bereitschaft,
auch im Scheitern eine Chance zu sehen,
in der Niederlage eine neue Möglichkeit.
Vielleicht ist die Hoffnung
die letzte Weisheit der Narren.
(Siegfried Lenz)*

Was ist das Gegenteil von Hoffnung?

Hoffnungslosigkeit, Verzweiflung, Depression - das sind gängige Antonyme für HOFFNUNG.

Verzweiflung ist beispielsweise ein Zustand der emotionalen oder psychischen Verfassung in einer als aussichtslos empfundenen Situation, sowie ein Zustand völliger Hoffnungslosigkeit. Das heißt, in der Verzweiflung gibt man die Hoffnung auf. Je nach Charakter empfindet man dann Trauer, Wut, Angst oder aber man schmiedet neue Pläne.

Meistens aber ist die Verzweiflung gepaart mit Angst und Schmerz. Sie kann die Emotionen dermaßen aufwühlen, dass man das Gefühl hat, die Rettung und jegliche Möglichkeiten des Gelingens würden in weiter Ferne liegen. Man hat womöglich sogar Angst vor der Gefahr, oder in einen noch unglücklicheren Zustand zu geraten.

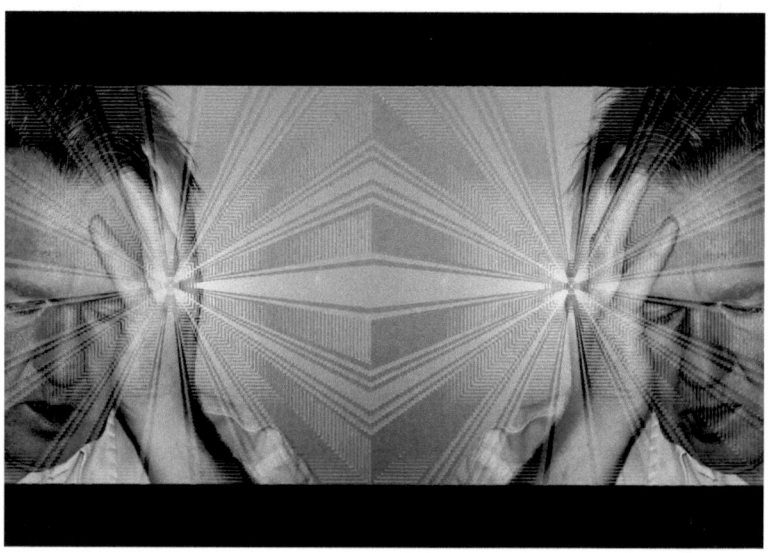

Im schlimmsten Fall kann eine Verzweiflung sogar bis zum Selbstmord oder zur Selbstvernichtung führen. Zumindest führt sie häufig in eine Depression. Der Verzweifelte kann im Moment tiefster Trauer und Hoffnungslosigkeit nicht mehr klar denken und somit ist diese Situation als äußert unberechenbar einzustufen. Ein Grund mehr, dass wir versuchen uns auf den Weg der Hoffnung zu machen. Der Glaube an das Licht am Ende des Tunnels ist deshalb lebenswichtig und verstärkt definitiv die Lebensqualität.

Foto: Norbert Dittmar

MIT Hoffnung und „OHNE Hoffnung"

Ohne Hoffnung so scheint es, möge kein Grund mehr bestehen weiter zu machen. Und gerade das ist es, was wir brauchen: weiter machen, auch wenn es uns schwer fällt – nicht aufgeben und uns trotzdem selbst treu bleiben. Ein vielleicht schwieriger Weg, der umso schwieriger wird, je mehr ein Mensch an Beeinträchtigungen (körperlicher oder seelischer Natur) mit sich tragen muss. Je mehr er sich „abschleppt", umso schwerer wird er es haben.

Foto: Norbert Dittmar

Deshalb ist es so wichtig zu erkennen, wo die individuellen Stolpersteine liegen, wie wir sie aus dem Weg räumen und/oder über sie hinwegsteigen können um am Ende aus unseren gemachten Erfahrungen lernen und profitieren zu können. Denn dann zeigen sie uns eins: „Ich schaffe es!", „Ich habe es geschafft und werde es wieder schaffen!".

- ✓ **Sicher ist nämlich: solange wir Hoffnung haben, haben wir die Zuversicht und das Vertrauen es zu schaffen.**

Das verschafft uns Energie und mobilisiert Kräfte. Sind wir dagegen hoffnungslos, werden wir schlapp, sind schnell erschöpft, lassen die Schultern und den Kopf hängen und somit kann uns keine gute Energie durchfließen und aufbauen. Um Hindernisse überwinden zu können, müssen wir den Glauben daran haben, dass uns dies gelingen **wird**. In diesem Moment HOFFEN wir und sind zuversichtlich. Ohne diese Hoffnung wären wir „verloren", würden keine Kräfte aufbringen können und würden es vielleicht tatsächlich nicht schaffen. Denn Vertrauen und der Glaube an uns selbst und unser Können schafft Entschlossenheit – mit Hilfe dieser können wir Verzweiflung und Ängste überwinden, können Schmerzen besser aushalten und haben eine enorm höhere positive Stimmungslage.

Dass wir unsere Gedanken beeinflussen können und sie wiederum unseren Körper (und dies alles im Umkehrschluss) - das beschreibe ich hier noch ausführlich. Wenn wir uns also bemühen, positiver und hoffungsvoller zu denken, zu handeln und zu (re)-agieren, dann stärken wir nicht nur unser Selbst, sondern auch unsere Abwehrkräfte und unser ganzes Wesen. Dies wiederum strahlt positiv und optimistisch nach Außen und Sie versprühen Licht und Lebensfreude. Wer lebensfreudig ist, ist auch voller Hoffnung.

Kapitel 2
Lernen

Jeder Tag ist ein neuer Tag

Foto: Norbert Dittmar

Manche gehen sogar weiter und sagen: „Jeder Tag ist ein neues Leben!".

Und ich selbst sage mir an schlechten Tagen ganz oft: „Morgen ist ein neuer Tag!". Das ist Hoffnung, denn ich gebe mich nicht meinem Schicksal hin und sei es heute noch so ungut zu mir.

Es scheint mir aber äußerst wichtig, Hoffnung nicht nur „als einen Wunsch" anzusehen, sondern sie muss ernsthaft gelebt und praktiziert werden. Wenn sie etwas Großes und Bedeutendes ist, etwas ECHTES, etwas Lebenswertes, dann wird sie auch in unser Bewusstsein gelangen und sich dort verfestigen. Deshalb appelliere ich gerne immer wieder daran, jeden Tag als eine neue Hoffnung, ein neues Versprechen, eine neue CHANCE wahrzunehmen. Wenn der Gedanke aufkommt, dass sowieso nichts Neues passieren würde oder sowieso ein Tag wie jeder andere sein wird, wird man keinen Fortschritt machen können, sondern stagnieren. Deshalb ist es so wichtig sich wirklich jeden Morgen, jeden neuen Tag aufs NEUE zu motivieren und dem Tag die Chance zu geben, ein besonderer Tag zu werden.

In meinem Buch „Die Reise zum Glück" habe ich den Vorschlag gemacht, sich jeden Abend (während man den Tag Revue passieren lässt) aufzuschreiben, was man an GUTEM und Schönem erlebt hat. Dies schärft die Sinne auf das Positive, motiviert und macht hoffnungsfroh.

Meine Gedanken:
Für mich ist Hoffnung mehr als nur hoffen… Für mich ist Hoffnung essentiell.… Ohne Hoffnung würde mir etwas Sinnhaftes fehlen. Deshalb ist mir dieses Thema auch so wichtig. Ich spüre deutlich, dass vielen Menschen die Hoffnung schlicht und ergreifend fehlt – ob sie abhandengekommen ist oder weil derjenige ein Pessimist ist, der nicht viel von Hoffnung hält, oder ob jemand einfach nicht in der Lage ist zu hoffen. Vielleicht hat auch jemand schon zu viele Rückschläge oder überhaupt herbe Schicksalsschläge erleiden müssen und möchte einfach nicht mehr hoffen… All das ist möglich, aber da ich ein unverbesserlicher Optimist bin und mich dieser Optimismus, gepaart mit Hoffen, schon sehr weit getragen hat, kann ich nicht anders, als mitzuteilen, welch starke Kraft die Hoffnung sein kann. Sie kann ein Weg sein, auf den man sich „aufmacht", ein Weg sein, den man schon lange

beschreitet, aber sie kann auch ein Ziel sein. Ein Ziel in diesem Sinne, dass man einfach **lernen möchte**, hoffnungsvoll zu sein. Wer Hoffnung LEBT, inhaliert und sie sich zu seinem individuellen Weg-Weiser macht, lebt leichter, ist weniger von Sorgen geplagt oder hat Strategien erlernt, diese Sorgen nicht überwältigend werden zu lassen. Mein Ziel ist es beispielsweise zu lernen, meine Sorgen in „Schach halten" zu können und mir immer die Lebensfreude aufrechterhalten zu können. Ich liebe es lebendig zu sein, mich und die Welt zu spüren – aber das funktioniert nur wenn ich optimistisch in die Zukunft blicke. Wichtig ist mir dabei allerdings, nicht das Wesentliche aus den Augen zu verlieren und nichts zu verdrängen. Dass meine MS nicht wesentlich besser werden kann, sondern dass es sein kann, dass sie sich verschlechtert: das ist ein Tatbestand, den ich in mein Leben einbaue. Innerlich bereite ich mich auch manchmal auf den „Worst Case" vor und überlege dann, wie ich mit einer Erblindung umgehen würde und so weiter. Das aber ist „COPEN" – ich stelle mich den Symptomen meiner Erkrankung und auch den Eventualitäten. Dies lässt mich aber nicht die Hoffnung verlieren – daran arbeite ich. ☺

Mit diesem Buch möchte ich Sie einmal daran teilhaben lassen und zum anderen auch ermuntern, sich auch aus dem Dunkel heraus ins Licht zu bewegen… Hoffnung ist Licht… Manchmal braucht unsere Seele auch „Licht" in Form von Kerzenschein, von schöner Musik und schönen Dingen um uns herum. All das trägt mich und nimmt mich mit auf dem hoffnungsvollen Weg.

Ich bin bei meinen Recherchen immer wieder darauf gestoßen, dass Menschen, die ohne Hoffnung sind, sich selbst aufgegeben haben…. Oder auch ein Stück von sich selbst und das finde ich einfach sehr schade. Ich finde, wir haben alle ein Recht auf ein schönes Leben, auf Lebendigkeit und Frohsinn. Dazu gehört beispielsweise auch, anderen zu helfen, sie zu unterstützen oder sich sozial zu engagieren – wenn man mag. Denn Hilfe zu geben kann glücklich machen und uns einen Sinn geben – und schon schöpfen wir daraus Kraft und Hoffnung.

Wichtig zu erwähnen ist mir aber noch einmal, dass all diese Gedanken nicht so einfach umzusetzen sind, wenn man psychische „Beeinträchtigungen" hat oder schwere „Altlasten" mit sich herumträgt. Hier kann ich nur professionelle Hilfe - beispielsweise in Form von Psychotherapie - empfehlen.

Persönliche Beziehungen

Persönliche Beziehungen zu schaffen, ist eine grundsätzliche Voraussetzung für das soziale Leben an sich und auch für den Weg der Hoffnung.

Freundschaft, Partnerschaft/Ehe oder andere zwischenmenschliche Beziehungen haben für jeden Einzelnen eine große und auch andere Bedeutung. Und dies nicht nur im Hinblick auf sein Bedürfnis nach sozialer Eingebundenheit, sondern auch darin, dass die psychologischen Grundbedürfnisse (Autonomie und Kompetenz) jedes Beziehungs-Partners befriedigt werden. Nur mit einer befriedigenden Basis sind hochwertige persönliche Beziehungen möglich, die auf Grund der Interaktion und des Beziehungsgeflechtes sowohl Hilfe und Unterstützung bieten, als auch Rat gebender Natur sind.

So können eigene Grenzen, Meinungen und Lebenseinstellungen ausgelotet und gemeinsam beleuchtet werden - eine gute Selbstreflektion ist möglich - gerade an Hand des Gegenübers und da solch eine Beziehung hoffnungsfroh ist, beziehungsweise sein sollte, blickt man im besten Fall auch gemeinsam leichter in eine hoffnungsträchtige Zukunft.

Hoffnung und unser Körper
(Selbstheilungskräfte)

Die wirksamste Medizin ist auf einer bestimmten Ebene meist die natürliche Heilkraft, die im Inneren von uns liegt. Jeder kennt psychosomatische Beschwerden, wie Magenkrämpfe bei Aufregungen.

Wenn wir seelisch und körperlich im Gleichgewicht sind, geht es uns (auch mit unseren Krankheiten) deutlich besser. Denn unser Gehirn spürt unseren jeweiligen Zustand und schlägt bei einem Ungleichgewicht erbarmungslos zu. Das Gehirn ist sozusagen die Schaltzentrale und steht mit jedem Organ und jeder Zelle unseres Körpers in ständiger Verbindung. Dies schützt uns im Falle einer Verletzung oder auch bei den üblichen Krankheiten, da es im besten Fall entsprechend sinnvoll reagiert.

Foto: Norbert Dittmar

Schwieriger wird es allerdings bei den sogenannten Autoimmunerkrankungen, bei denen sich das Immunsystem selbst angreift. Hier besteht sowieso ein absolutes Ungleichgewicht.

Der Arzt Alber Schweitzer behauptete gar, dass jeder Kranke in seinem Inneren einen Arzt besäße. „Das Beste, was wir tun können, ist diesem Arzt, der im Inneren jedes einzelnen wohnt, eine Gelegenheit zur Wirkung zu geben!" -Albert Schweitzer-

Und so positiv dieser innere Arzt mit seinen Heilungskräften reagiert, so empfindlich ist er auch gegenüber negativen Botschaften. Wenn man beispielsweise die HOFFNUNG auf Genesung AUFGIBT, man sich somit also auch selbst aufgibt, kann dieses Verhalten dann Signale senden, auf die der Köper seinerseits reagiert: er unternimmt nichts für die Heilung. Sobald man wieder hoffnungsvoll ist und optimistisch in die Zukunft blickt, sowie bereit ist, etwas für seine Genesung zu tun, kann der Körper ebenfalls wieder durchstarten. Auch hier spielt die innere Überzeugung wieder eine große Rolle: wenn ich zum Beispiel überzeugt von einer bestimmten Behandlungsmethode bin, dann biete ich dem Körper eine ausbalancierte Basis um sinnvoll arbeiten und heilen zu können.

Foto: Norbert Dittmar

Allerdings möchte ich hier niemals behaupten, man könne gewisse Krankheiten mit Kraft seiner Gedanken heilen – das wäre zwar wundervoll, aber das habe ich so noch nicht erlebt. Meine MS kann ich meiner Meinung nach nicht ausheilen, aber ich kann auf Grund meiner positiven Gedanken und meines Optimismusses meine Symptome etwas einschränken, sozusagen „kleiner werden lassen" und weniger beachten, da ich nach vorne schaue und mir die schönen Dinge im Leben immer wieder deutlich mache. Hoffnung!!! Hoffnung leben, ist nach vorne schauen, traurigen und belastenden Dingen möglichst keinen allzu großen „Raum" zu geben und nicht tage- oder wochenlang an ihnen festzuhalten.

So hat auch unser Lebenswille einen großen Einfluss auf unser weiteres Leben. Das sind bewiesene Tatsachen - ebenso wie man weiß, dass Placebos schon bei Patienten Wunder vollbracht haben, weil diese an die Richtigkeit und die Wirkung glaubten.

- ✓ **Das heißt also, dass positive Gedanken dem Körper, der Seele und dem Geist gut tun.**

Foto: Norbert Dittmar

- ✓ **Nach vorne blicken, hoffnungsvoll zu sein, scheint ein wirkungsvolles Rezept zu sein.**

Unterbewusstsein

Gedanken sind nicht einfach „Luft" oder nichts… Gedanken sind elektrische Impulse, die elektrische und chemische Umschaltungen im Gehirn auslösen.

KRÄFTE sind Gedanken und der Satz: „Kraft meiner Gedanken…" erhält hier gleich eine neue Bedeutung.

Unser Gehirn reagiert auf verschiedenen Ebenen auf unsere Gedanken. Das zentrale Nervensystem wird in Bereitschaft versetzt um entsprechend zu handeln. Das Gehirn macht das „einfach" – dafür müssen wir nicht denken. Aber einen Einfluss haben wir – nämlich, wohin das Gehirn die neue Information leitet und was es daraus macht! Denn dies wird von unserem Unterbewusstsein gesteuert, das wiederum ein Erfahrungsschatz aus den bisher gemachten Erfahrungen und dem Erlernten aus unserer Kindheit ist. Das Gehirn speichert im Unterbewusstsein alles!

Sie kennen sicherlich eigene Reaktionen von sich, wenn Sie beispielsweise schnell gekränkt sind. DIES spiegelt die Macht des Unterbewusstseins wider! ☺ Es spult nämlich in einem solchen ihm „bekannten" Moment alle hierfür angelegten Verhaltensweisen- und Muster ab. Wir re-agieren dann „nur".

Interessant ist auch, dass all unseren vermeintlich bewussten Entscheidungen längst die Entscheidung des Unterbewusstseins vorausgeht. Wenn Sie vor Ihrem CD-Regal stehen und überlegen, welche CD Sie nun hören wollen und sich „verstandesgemäß" entscheiden – dann hat Ihr Unterbewusstsein dies schon längst für Sie entschieden – ohne dass Sie es merken.

Das heißt, es greift auf seinen ureigenen Erfahrungsschatz zurück, der wie auf eine Festplatte eingebrannt ist.

ABER die gute Nachricht ist: Sie können diese „Festplatte" neu programmieren. Indem Sie bewusst lernen, beispielsweise nicht immer so negativ zu reagieren und hoffnungsfroher zu sein, polen Sie die Festplatte langsam aber stetig um.

Mein Fazit ist also aus dieser Theorie, dass WIR es in der Hand haben, unser Gehirn und Unterbewusstsein zu programmieren und es mit NEUEN Erkenntnissen zu versorgen.

Also auf ins Trainingslager der Hoffnung!!! ☺

Gewohnheiten (ändern)

*Gewohnheiten sind wie geteerte Straßen.
Man kann gut darauf gehen,
aber es wachsen keine Blumen auf ihr.*
-Unbekannt-

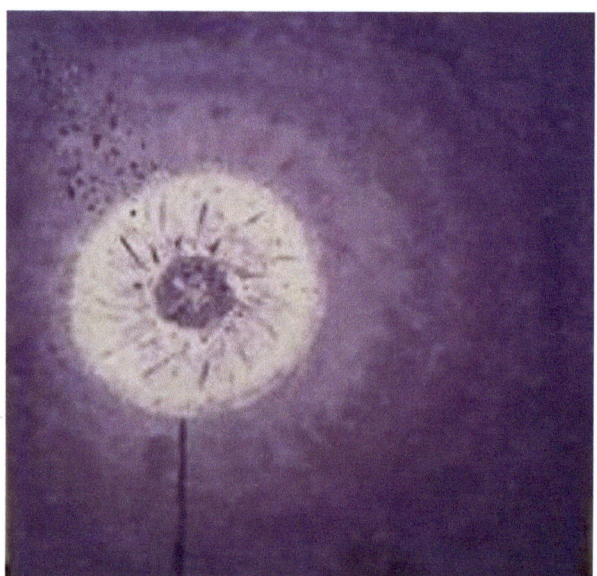

Bild: Heike Führ

Gewohnheiten sind stur. Sie mögen absolut keine Veränderungen. Und doch sollten wir uns nicht von ihnen aufhalten lassen. Natürlich gibt es die guten Gewohnheiten und auch die des Unterbewusstseins, da wir gelernt haben, uns auf ein bestimmtes Gefühl verlassen zu können. Gewohnheiten können uns unser Leben auch enorm erleichtern und das ist gut so. Um diese sinnvollen Gewohnheiten geht es uns hier aber nicht. Es geht um jene Gewohnheiten, die uns schaden, die uns hoffnungslos und negativ werden lassen.

Ein Veränderungsprozess ist allerdings nie einfach. Er kann langwierig und schwer werden. Sie werden Hürden überwinden müssen und sich eventuell auch Ihren Ängsten stellen müssen.

Zu Beginn müssen Sie sich überlegen, welche Veränderung Sie möchten oder brauchen.

Dann folgt die Praxis: das Trainingslager. ☺

Spätestens hier werden Sie in Konflikt treten: zwischen dem Unterbewusstsein und dem rationalem Denken. Deshalb ist es wichtig, die alte Verhaltensweise wahrzunehmen, sie aber neu programmieren zu wollen.

Haben Sie diese Übung geübt, praktiziert und wiederholt, sind Sie einen sehr großen Schritt weitergekommen. Bitte seien Sie sich dessen auch bewusst, falls Sie einen „Rückfall in alte Verhaltensmuster" erleiden. Sie haben es bis hier hin geschafft und das schaffen Sie auch noch einmal!

Der letzte Punkt ist dann erreicht, wenn Sie die NEUE Gewohnheit adaptiert haben – selbstverständlich und sicher. AUTOMATISCH!!! Ohne nachzudenken!

*Die reinste Form des Wahnsinns ist es,
alles beim Alten zu lassen –
Und gleichzeitig zu hoffen,
dass sich etwas ändert.*
-Albert Einstein-

Foto: Norbert Dittmar

Gefühle

Gefühle – sie sind da. Einmal angenehm, einmal unangenehm - aber meist sehr präsent. Oft buhlen sie um unsere Aufmerksamkeit, ein anderes Mal wollen sie nicht beachtet werden. Das Karussell der Gefühle - auch das kennt fast jeder. Man kann „außer sich sein", „neben sich stehen", „in sich gehen", fröhlich, glücklich, oder unglücklich und traurig sein. Die Gefühls-Palette ist riesengroß und manchmal überrollt sie uns und wir fühlen uns gar ausgeliefert.

Es gibt Gefühle, die wir kontrollieren können ebenso, wie unkontrollierbare Gefühle. Und jeder Mensch wird seine eigene Gefühls-Skala haben.

Gefühle können sich einstellen, umstellen, einfinden und keinen Ausweg mehr finden. Unser Denken beeinflusst ganz sicher unsere Gefühle und umgekehrt. Ein großes Thema also.

Foto: Norbert Dittmar

Wie bringt es uns nun zur Hoffnung???

Da es Situationen gibt, die uns gut tun, oder Angst machen, die Auslöser für Gefühle und körperliche Reaktionen sind, sind wir schon mittendrin im Thema Hoffnung.

Hoffnung braucht positive Gefühle.

Und es ist immer auch unsere persönliche und subjektive Bewertung einer Sache, die darüber entscheidet, wie wir uns fühlen und die somit auch entscheidet, wie wir damit umgehen. Das heißt, wir nehmen etwas wahr. Daraus entsteht die Reaktion (körperlich und gefühlsmäßig). Dass uns negative Gedanken auch eher zu negativen Handlungen führen ist genauso erklärbar und logisch, wie dass uns positive Gedanken zu positivem Erleben führen und lenken.

Letztendlich heißt das: **unsere Gedanken beeinflussen unsere Gefühle und umgekehrt - und daraus resultieren unsere Handlungen**.

Diese Handlungen aber können wir umprogrammieren, in dem wir sie umlenken und neu trainieren. Das ist die absolut gute Nachricht. Denn wenn wir das schaffen, schaffen wir es auch, der Hoffnung mehr Raum in unseren Gedanken, in unserem Empfinden und unserem Leben zu geben.

Also wagen wir uns hinaus in die aufregende Welt, lernen und üben und verfestigen das positive Denken – uns selbst und anderen zu Liebe und vor allem, um hoffnungsvoll sein zu **können**.

Hier gibt's Übungen:
https://www.angst-panik-hilfe.de/gefuehle-beeinflussen.html

Mentales Training (MT)

Das Mentale Training ist eine sehr gute Methode um Verhaltensweisen zu trainieren. MT ist eine geistige Form des Trainings (zum Beispiel auch Imagination oder Vorstellungs-Übung). Das heißt, wir malen uns im Geiste aus, wie wir in einer bestimmten Situation fühlen, denken und handeln wollten und würden. So kann man unter anderem auch seine Abwehrkräfte stärken.

Beispiel: Man ruft sich ein unangenehmes Ereignis ins Gedächtnis, das uns traurig, wütend oder ärgerlich werden ließ. Nun üben wir im Geiste (mental), verbunden mit diesen Emotionen, wie wir uns aus dieser Situation befreien oder retten könnten.

Wenn man diese Übung wiederholt und regelmäßig trainiert, schafft man es, sich in einer ähnlichen zukünftigen Situation selbständiger und schneller retten zu können. Allein die Vorstellungskraft hilft uns also eine Krise zu meistern.

Wenn wir bewusst jeden Morgen hoffnungsvoll in den Tag blicken, lenkt das unsere Gedanken auf Dauer tatsächlich so um, dass wir hoffnungsvoll SIND.

Hier finden Sie unter Anderem genaue Anleitungen: https://www.angst-panik-hilfe.de/mentales-training.html

> Eine GEDENK-MINUTE
> für
>
> alle VERPASSTEN
> Gelegenheiten,
>
> während wir
> auf BESSERE
> gewartet haben ...!!!
>
> by MULTIPLE-ARTS.com

Selbstwirksamkeits-Erwartung

Es erscheint notwendig, gewünschte Handlungen erfolgreich selbst ausführen zu können. Um das zu erlernen oder auch um es gut zu praktizieren, braucht es eine sogenannte Selbstwirksamkeitserwartung (SWE) - (engl. perceived self-efficacy). Ein Mensch, der daran glaubt, selbst etwas bewirken und auch in schwierigen Situationen selbstständig handeln zu können, hat demnach eine hohe SWE.

„Das Konzept der SWE wurde von dem Psychologen Albert Bandura in den 1970`er Jahren entwickelt. SWE bezeichnet die eigene Erwartung, aufgrund eigener Kompetenzen. Eine Komponente der SWE ist die Annahme, man könne als Person gezielt Einfluss auf die Dinge und die Welt nehmen (internaler focus-of-control), statt äußere Umstände, andere Personen, Zufall, Glück und andere unkontrollierbare Faktoren als ursächlich anzusehen. Manche Psychologen vertreten die Ansicht, dass Selbstwirksamkeit ein natürliches Bedürfnis des Menschen ist." (https://de.wikipedia.org/wiki/Selbstwirksamkeitserwartung)

Was macht die SWE für unsere „Hoffnung" so wichtig?

Eigentlich spricht es für sich, denn Personen mit einem starken Glauben an die eigene Kompetenz - so zeigen wissenschaftliche Untersuchungen - haben demnach eine größere Ausdauer bei der Bewältigung von Aufgaben. Im Umkehrschluss haben sie eine niedrigere Anfälligkeit für Angststörungen und Depressionen und können somit mehr Erfolge in Ausbildung und Berufsleben aufweisen.

Allerdings kann eine ausgeprägte SWE auch „Fallen" stellen, da oft zu hohe Ansprüche an sich selbst gestellt werden und man deshalb eher anspruchsvolle und schwierige Herausforderungen sucht. Eine gute Leistung bei diesen Herausforderungen führt dann wiederum zur Bestätigung beziehungsweise Erhöhung der eigenen Ziele. Da dann die SWE überzogen im eigenen ICH verankert wäre, kann man sich selbst ein Beinchen stellen - und das wäre dann kein Schritt in Richtung Hoffnung, sondern es könnte je nach Selbststand eine Abwärtsspirale auslösen. Also ist auch hier Vorsicht geboten und der „gute alte Mittelweg" ist hier richtungsweisend und sinnvoll.

- ✓ **Hatte man aber beispielsweise auf Grund eines guten Selbstwertes und einer guten SWE Erfolg bei der Bewältigung einer schwierigen Situation, stärkt dies mit hoher Sicherheit den Glauben an die eigenen Fähigkeiten. Da man sich nun auch in Zukunft solche Situationen zutraut, steigt die Freude, Motivation und die begründete HOFFNUNG auf erneuten Erfolg.**

Aus diesem Grund beleuchte ich hier auch solche rein theoretischen Erkenntnisse, denn wenn man diese begreift und somit verinnerlichen kann, ist man schon auf dem hoffnungsvollen Weg.

Misserfolge dagegen könnten dazu führen, dass man an der eigenen Kompetenz zweifelt und in Zukunft vergleichbare Situationen eher meidet = wenig Hoffnung.

Es ist deshalb so wichtig, solchen Beeinflussungen der eigenen Selbstwirksamkeitserwartung durch (Miss-)Erfolgserlebnissen zu entgehen. Man muss lernen, solche Misserfolge nicht der eigenen Unfähigkeit zuzuschreiben. Menschen mit einer hohen Selbstwirksamkeitserwartung zeigen nämlich trotz einzelner Rückschläge eine höhere Frustrationstoleranz. (= eine Persönlichkeitseigenschaft, die die individuelle Fähigkeit beschreibt, eine frustrierende Situation über längere Zeit hinweg zu ertragen...).

Interessant ist, dass wenn andere Menschen mit Fähigkeiten, die den eigenen gleichen, eine Aufgabe schaffen (zum Beispiel mit dem Rauchen aufzuhören), man sich dies selbst auch eher zutraut. Umgekehrt demotiviert ein Misserfolg einer solchen Person allerdings auch.

Dabei gilt: Je größer die Ähnlichkeit zur beobachteten Person, desto stärker die Beeinflussung durch das Vorbild. (Stellvertretende Erfahrung).

✓ **Hoffnung lässt sich also auch durch Vorbilder erkennen und die Bereitschaft dazu erlernen.**

Wenn man sich selbst beobachtet, kann man feststellen, wie emotional man auf Anforderungen reagieren kann: Herzklopfen, Schweißausbrüche, Händezittern, Frösteln und Übelkeit sind nur allzu deutliche Zeichen und gehen oft mit emotionalen Reaktionen wie Anspannung oder Angst - und somit auch leider oft mit Rückzug einher. Wie WIR also selbst mit den physiologischen Reaktionen auf eine neue Anforderungssituation umgehen, ist sozusagen die Grundlage unserer Situations- und Selbstwirksamkeitsbewertung.

Das heißt, es kommt darauf an, WIE wir damit umgehen, damit sich keine Hoffnungslosigkeit breit macht und wir noch aus kritischen Situationen das BESTE für uns herausfiltern und daran dann unsere Hoffnung hängen können. Nach vorne schauen also. Schritt für Schritt. Hier hilft ein Abbau von Stressreaktionen. Techniken dazu sind beispielsweise „Meditation" und „Autogenes Training".

Jeder von uns kennt Situationen, in denen man Anderen gut zugeredet hat, sie bestärkt und ihnen Mut und Hoffnung aufgezeigt hat. Dass dies ein äußerst hilfreiches Mittel gegen Angst und Verzweiflung ist, hat auch sicher jeder schon erlebt. Also heißt es in solchen schwierigen Situationen der Anforderungen auch immer, sich selbst MUT und HOFFNUNG zuzusprechen. Es ist wichtig, dass man lernt nicht aufzugeben. Je öfter man dies übt und je öfter man damit Erfolg hat, umso mehr glaubt man an Hoffnung. Allerdings ist es auch hier wichtig, realistisch zu bleiben. Erhöhte maßlose Anforderungen zu stellen hilft niemandem und dann wäre womöglich ein Misserfolg vorprogrammiert.

Menschen, die also viel an sich selbst zweifeln, haben logischer Weise auch prinzipiell ein höheres Stresslevel und neigen eher zu Depressionen. Außerdem können sie sich meist deutlich schlechter motivieren und weniger gut ihre negativen Emotionen beeinflussen.

Hoffnungsvoll sind Zweifler selten – deshalb ist es so wichtig, sich eine emotional POSITIVE Grundstimmung anzueignen. Nur so kann man wirklich hoffnungsvoll nach vorne blicken und Rückschläge einstecken lernen.

Foto: Norbert Dittmar

Kompetenzen

„**Handlungskompetenz** wird verstanden als die Bereitschaft und Befähigung des Einzelnen, sich in beruflichen, gesellschaftlichen und privaten Situationen sachgerecht durchdacht sowie individuell und sozial verantwortlich zu verhalten." (Kultusministerkonferenz (KMK), 23. September 2011)

Foto: Norbert Dittmar

Johann Wolfgang v. Goethe hat dazu etwas Interessantes gesagt:
„In dem Augenblick, in dem man sich endgültig einer Aufgabe verschreibt, bewegt sich die Vorsehung auch. Alle möglichen Dinge, die sonst nie geschehen wären, geschehen, um einem zu helfen. Ein ganzer Strom von Ereignissen wird in Gang gesetzt durch die Entscheidung und er sorgt zu den eigenen Gunsten für zahlreiche unvorhergesehene Zufälle, Begegnungen und materielle Hilfen, die sich kein Mensch vorher je so erträumt haben könnte. Was immer Du kannst, beginne es. Kühnheit trägt Genius, Macht und Magie. Beginne jetzt."

Lernkompetenz ist die Fähigkeit und Bereitschaft, Informationen über Sachverhalte und Zusammenhänge selbständig und gemeinsam mit anderen zu verstehen, auszuwerten und in gedankliche Strukturen einzuordnen. Dadurch wird erfolgreiches Lernen möglich.

Kompetenzen erwerben

Um hoffnungsfroh in die Zukunft blicken zu können, braucht es also gewisse Kompetenzen. Sind diese nicht von Kindheit an vorhanden (weil sie nie vorgelebt oder erlernt wurden), dann ist es wichtig, sie sich als Erwachsener in liebevoller Zuneigung anzueignen.

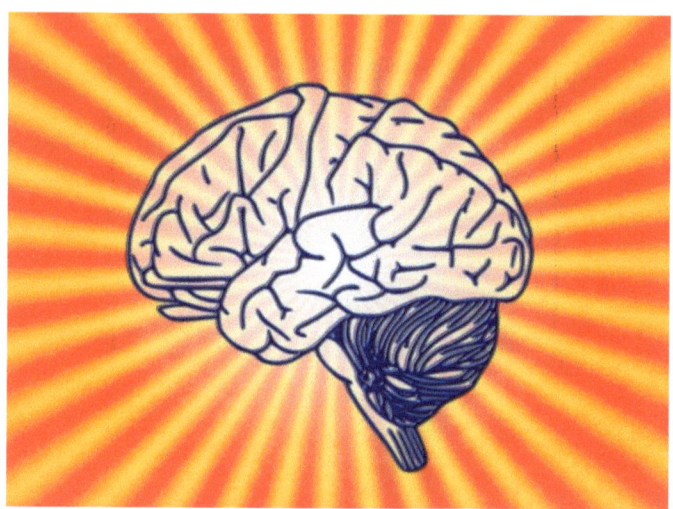

Das Bedürfnis nach Kompetenz äußert sich in einer **Freude am Lernen** an sich und hat Bedeutung für die Entwicklung von Fähigkeiten und Techniken. Im besten Fall geschieht dies von Geburt an. Wer bereitwillig lernt, Neuem gegenüber offen ist und Misserfolge auch einmal als „Chance zum Lernen" verbucht, wird fröhlicher und positiver nach vorne schauen, als ein Pessimist. Hoffnung wächst aus positiven Gedanken, aus Zutrauen. Zutrauen in die eigenen Fähigkeiten, Zutrauen, dass es prinzipiell „gut gehen" wird und religiös geprägte Menschen ziehen sich noch Hoffnung aus ihrem Glauben.

Hoffnung ist also auch eine Art „Einstellung", Lebensführung und die Orientierung an realistischen (!) Vorbildern. Jeder kennt sicherlich in seinem Umfeld (Freundeskreis, Nachbarn, Kollegen) Menschen, die trotz herber Rückschläge immer wieder nach vorne blicken, sich nicht entmutigen lassen und voller Zutrauen in den nächsten Tag starten.

✓ **Hoffen heißt nicht, niemals Rückschläge zu erhalten, sondern einfach, aus diesen Rückschlägen zu lernen und nicht aufzugeben!**

Wenn wir möglichst oft hoffnungsvoll nach vorne blicken, werden wir auch offener für das SCHÖNE um uns herum, nehmen mehr Gutes wahr und sammeln somit Kraft für schlechtere Zeiten. So lernen wir auch, unsere Ressourcen zu erkennen und zu nutzen.

Eine soziale Eingebundenheit in eine Gruppe kann deshalb auch immer wichtig sein. Die Integration der eigenen Person in ein größeres soziales Ganzes bringt nämlich auch Vorteile in Bezug auf „Nutzung und Schutz". Außerdem kann eine Gemeinschaft die effektive Übernahme von Wissen und Werten dieser Gruppe bieten. Und natürlich profitiert diese Gruppe wiederum von dem Gruppenmitglied an sich. Das heißt, Mitglied einer Gruppe mit gleichen Interessen zu sein, kann sich auf vielfältige Art und Weise positiv auswirken.

Gerade auf Facebook gibt es viele Gruppen, Interessengemeinschaften und auch Selbsthilfegruppen. Hier holen sich viele Menschen Hoffnung, in dem sie mit anderen reden/schreiben - oder sie fragen sich gegenseitig, wie sie dies oder jenes geschafft haben. So ziehen sie Kraft und Energie aus den jeweiligen Kontakten. Besonders wenn man eine chronische Erkrankung hat, können solche Gruppen enorm helfen. Manch ein Betroffener wurde hier schon aus einem „Loch" herausgezogen, getröstet und mit Ratschlägen versorgt. DAS ist dann ebenfalls eine direkte „Arbeit" in Richtung HOFFNUNG.

Aber das muss jeder für sich selbst entscheiden.

Psychologische Grundbedürfnisse sind generell die Bedürfnisse nach Kompetenz, Autonomie und sozialer Eingebundenheit. Dass es nicht einfach ist, diese Bedürfnisse zu befriedigen, berichten viele Menschen - vor allem auch chronisch Kranke. Denn oft führt Behinderung zur Isolation und sozialen Ausgrenzung. Das möchte ich hier auch deshalb erwähnen, da alle Theorie sinnlos erscheint, wenn man aus unterschiedlichen Gründen ohne soziale Kontakte leben muss. Auch Ratschläge, wie „Schließe Dich Gruppen an!", können hier übergriffig sein, da es vielen Menschen auf Grund ihrer Behinderung einfach nicht möglich ist. Deshalb sei mir bitte verziehen, wenn ich hier Tipps gebe, die Sie womöglich nicht beherzigen KÖNNEN.

Will man den eigenen Sachverstand erweitern, kann es sein, dass man sich andauernd mit Anderen vergleichen möchte und dabei erreichen will, dass die eigene Kompetenz hoch eingeschätzt wird. Aus entsprechend gelungenen Demonstrationen seiner Fähigkeiten entwickelt man Stolz und Selbstbewusstsein. Umgekehrt tendiert man angesichts möglichen Versagens zu Hilflosigkeit und gibt sich leicht selbst die Schuld für ein negatives Ergebnis. Manchmal wendet man vorsorglich selbst-behindernde Strategien an, die im Versagensfall helfen, die eigene Verantwortung auf die „Umstände" abzuschieben und dadurch das Gesicht zu wahren. Verfolgt man dagegen Kompetenz erweiternde Ziele, dann sucht man entsprechende Herausforderungen und setzt seine Fähigkeiten entsprechend ein. Man versucht die als wertvoll erachteten Ergebnisse zu erzielen und (falls man mit möglichem Versagen konfrontiert wird) die eigenen Fähigkeiten zu verbessern und auftretende Schwierigkeiten zu meistern.

(Angelehnt an: https://de.wikipedia.org/wiki/Kompetenz_(Pädagogik)).

Solange sich dieses Leistungsverhalten in einem angemessenen Rahmen verhält, kann man aus dem Vergleichen und Steigern seiner Fähigkeiten noch bessere Grundlagen und Ressourcen schaffen und dem Glück und der Hoffnung frohgesinnt entgegen treten.

Wie auch schon in meinem Buch „Die Reise zum Glück" beschrieben, ist es von Vorteil, sich eine Tätigkeit, eine Muße zu suchen, die gut tut, die einen bei sich ankommen lässt und somit auch wieder stärkt. Derartige Erfahrungen werden als „Flow" bezeichnet. Man erfährt Flow, wenn man die Aktivität gern ausführt und die in ihr begründeten Anforderungen mit den eigenen Fähigkeiten genau in Einklang sind.

Foto: Norbert Dittmar

Selbstvertrauen

Selbstvertrauen ist die Basis und Voraussetzung für ein erfülltes, glückliches und erfolgreiches Leben.

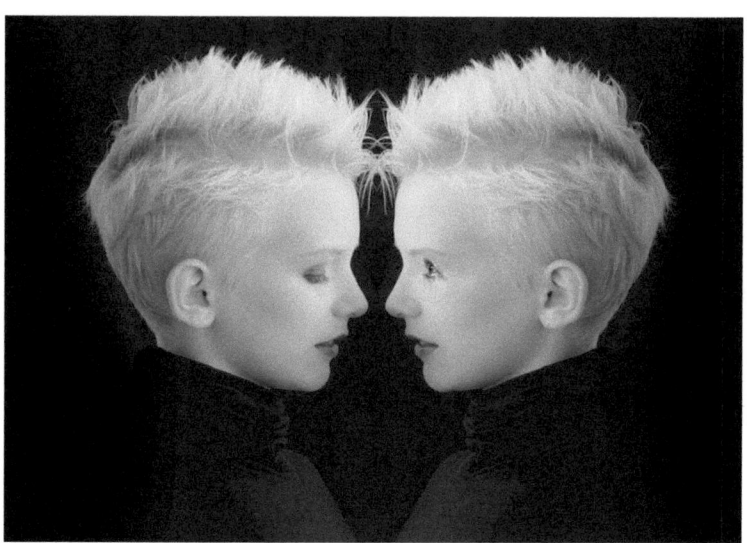

*Für die Welt bist Du irgendjemand,
aber für irgendjemand bist Du die Welt.*
-Erich Fried-

Wenn wir als Kind selten gelobt wurden, uns nichts zugetraut wurde, oder wir erhöhten unrealistischen Anforderungen genügen mussten, kann es sein, dass sich unser Selbst-VERTRAUEN nicht ausreichend ausbilden konnte. Wenn scheinbar niemand Vertrauen in uns und unsere Fähigkeiten hatte, wie können wir da selbst an uns glauben?

Leider verfestigt sich solch eine Erfahrung sehr häufig und prägt unser Erwachsenenleben nachhaltig. Um zu mehr Selbstvertrauen zu gelangen, müssen wir diese Mitgift aus der Kindheit unterbrechen –

wir müssen uns wehren und diese kritische Stimme in unserem Inneren verbannen. Wir müssen sie liebevoll mit aufmunternden Sätzen ersetzen. Das ist harte Arbeit, die oft nicht ohne professionelle Hilfe gelingt.

Wie aber können wir HOFFEN und vertrauen, wenn wir uns selbst nicht (ver)trauen...? Ein schier unmögliches Unterfangen?

Wir müssen aufhören, uns selbst klein zu machen, uns für unwichtig und dumm zu halten oder uns minderwertig zu fühlen. Machen Sie sich Ihre Stärken bewusst, betrachten Sie sich von außen und überlegen Sie, was Ihre Freunde liebenswert an Ihnen finden und warum sie Sie schätzen. Gehen Sie liebevoll mit sich um, denn das innere „kleine Kind" in Ihnen braucht nun viel Trost und Zuspruch. Machen Sie sich klar, dass dieses kleine innere Kind vielleicht niemals (oder wenig) die Gelegenheit hatte, sich selbst (gut) zu bewerten, da es immer von außen bewertet wurde... Andere haben sozusagen entschieden, wie viel Sie WERT sind!

Schreiben Sie sich ruhig auch auf, was Ihnen GUT an Ihnen selbst gefällt, was weniger und was Sie eventuell ändern möchten. Das schärft den Blick auf das Wesentliche.

Lassen Sie sich Zeit und gehen Sie immer behütend mit Ihnen selbst und dem Kleinkind in Ihnen um. Sagen Sie sich morgens im Angesicht Ihres Spiegelbildes, dass Sie wertvoll SIND! Dass Sie sich mögen ... Lächeln Sie sich zu. Und wiederholen Sie diese Übung mehrfach am Tag – Lächeln Sie sich immer wieder zu.

Und erinnern Sie sich abends daran, sich das Positive einzuprägen und zu merken, es Revue passieren zu lassen....

Sie wissen ja nun, dass Ihre Gedanken machtvoll sind. Hoffen Sie darauf, dass Sie Schritt für Schritt lernen und somit auch Erfolg haben werden. Seien Sie zuversichtlich und versuchen Sie, sich selbst und Ihren neuen Fähigkeiten zu VERTRAUEN!

Wenn es einen Glauben gibt,
der Berge versetzen kann,
so ist es der Glaube an die eigene Kraft.

-Marie Freifrau von Ebner-Eschenbach-

Selbstdisziplin

Dass man Selbstdisziplin braucht, um all das Lernen zu bewerkstelligen und es durchzuführen, dran zu bleiben und es zu schaffen, ist selbsterklärend. Deshalb möchte ich hier auch noch einmal kurz gesondert darauf eingehen.

Selbstdisziplin (oder Selbstbeherrschung) bezeichnet ein Verhalten, das sich durch stetiges und **eigenkontrolliertes** Verhalten auszeichnet. Wer dies als Kind nicht erlernt hat, muss als Erwachsener umso mehr Selbstdisziplin aufbringen und das kann sehr anstrengend sein. Aber ohne Disziplin sind kein Lernen und auch kein Vorankommen möglich. Deshalb möchte ich Sie ermuntern, sich selbst zu beobachten und wahrzunehmen, in welchen Bereichen Ihnen eventuell Selbstdisziplin fehlt. Daran zu arbeiten macht immer Sinn, da sich dem Lernenden durch eine gute und „automatische" Disziplin ebenfalls automatisch neue Chancen, neue Wege und Möglichkeiten eröffnen – diese sollte man sich nicht entgehen lassen. ☺

Aber es gilt auch zu analysieren, ob man als Kind zu sehr zur Disziplin „gezwungen" wurde – dann braucht man wiederum viel Geduld mit sich selbst und muss sich mit viel Achtsamkeit und Selbstfürsorge begegnen lernen.

Selbstmanagement

Auf die gesunde Selbstdisziplin folgt unweigerlich ein gutes Selbstmanagement. Dies ist die Kompetenz, die eigene persönliche und berufliche Entwicklung weitgehend unabhängig von äußeren Einflüssen zu gestalten.

Teilkompetenzen, wie selbständige Zielsetzung, Planung, Lernfähigkeit mit Feedback und Erfolgskontrolle, gehören ebenfalls zum „Selbstmanagement", sowie auch die Fähigkeit, sich selbst motivieren zu können.

Wenn Selbstmanagement als Kompetenz verstanden wird, ist es möglich, sowohl die berufliche, als auch persönliche Entwicklung zu gestalten. Wer also über ein gutes Selbstmanagement verfügt, wird es auch schaffen, den eigenen Weg zur HOFFNUNG zu gehen, ihn zu gestalten und auch nicht aufzugeben.

Ebenso ist es eine Voraussetzung, dass man sich selbständig sinnvolle und authentische Ziele setzen kann, einen Plan und eine Strategie für die effiziente Umsetzung dieser Ziele hat und dies konsequent umzusetzen vermag. Daraus ergibt sich dann, dass man im besten Fall Erfolge verzeichnen kann, die wiederum dafür sorgen, dass man an sich selbst glaubt – an sich und seine Fähigkeiten, an sein Können und an das GUTE an sich. Fast schon automatisch erfolgt hier die hoffende und zuversichtliche Lebensweise. ☺

Loslassen

Für mich ist das Loslassen ein großes Thema. Gerade wenn man eine chronische Erkrankung hat, ist es notwendig, das Loslassen zu lernen, denn es sichert und hebt die Lebensqualität erheblich. Ich muss den Gedanken zum Beispiel loslassen, dass ich unheilbar krank bin. Vor allem aber muss ich lernen, alle negativen Gedanken loszulassen. Denn an ihnen festzuhalten stellt eine übergroße und sinnlose Belastung dar. Und trotz des Wissens darum, ist Loslassen nicht einfach.

Jedes Elternteil kennt es und weiß, wie schwer es manchmal fällt, das eigene Kind ziehen zu lassen. Andere Beispiele sind zum Beispiel, einen geliebten Menschen ganz gehen zu lassen (Trennungsschmerz), einen Job zu verlieren, verletzte Gefühle nicht vergessen können, Schuldgefühle zu haben und Vieles mehr. Wenn wir nicht loslassen, verharren wir aber in der jeweiligen Situation – auch gefühlsmäßig. Das wiederum bringt uns keinen Schritt weiter. Verharren ist wie eine Starre – sie wird uns nicht gut tun, sondern sowohl die Psyche, als auch den Körper schädigen. Denn im Grunde sind dies krankmachende Verhaltensmuster. Psychosomatische Beschwerden sind häufig die Folge, sowie Schlaf- und Konzentrationsstörungen, Depressionen und Vieles mehr. Dieses Verhalten bringt uns sehr weit weg vom hoffnungsvollen Weg, denn wenn wir verharren, wenn wir verweilen, bleiben wir **stehen.** Wenn wir nicht an die Zukunft glauben, sind wir ohne Hoffnung – hoffnungslos. Deshalb ist es so wichtig zu lernen, sich aus solchen Situationen und Phasen zu befreien und weiterhin **vorwärts** zu schreiten.

In dem Moment, in dem wir ein solches Ereignis AKZEPTIEREN lernen, lassen wir schon los, weil wir uns mit dem Akzeptieren aus der Starre heraus bewegen.

Loslassen kann Trauer, Verlust und Abschied bedeuten, aber in dem Moment, in dem wir diese Gefühle wahrnehmen und uns ihnen stellen, zeigen wir schon Bereitschaft zum Loslassen. Denn auch wenn wir wissen, dass das Ereignis zwar schlimm ist und wir es womöglich auch nicht ändern können, bewegen wir uns.

- ✓ **Das Wahrnehmen dieser Emotionen in diesen entsprechenden Situationen ist also der erste Schritt zum Loslassen.**
- ✓ **Eine solche Situation zu VERLASSEN, ist der nächste wichtige Schritt.**

Wir können das willentlich steuern, denn es liegt hier ein bisschen an uns, unserer Disziplin und unserem Willen, eine belastende Situation zu verlassen – sei es ein Wechsel der Blickrichtung, sei es ein Jobwechsel, eine Trennung, oder auch ein positives Erleben, wie beispielsweise dem erneuten Zusammenführen alter Freundschaften.

Wir müssen dafür IMMER die JETZT-Situation verlassen.

Loslassen.

Die Bereitschaft, das Gewesene zu akzeptieren, ohne es zu bewerten – die Vergangenheit ruhen zu lassen und sich auf das Neue zu konzentrieren ist die Grundvoraussetzung. Wenn Sie das Vertrauen in die Zukunft haben, haben Sie berechtigten Grund zum Hoffen und schon befinden Sie sich auf der Reise zur Hoffnung, sind mittendrin und sind hoffnungsfroh.

Der sich entwickelnde Prozess des Loslassens beginnt also in unserem eigenen Kopf! Machen Sie sich auch bewusst, dass LOSLASSEN kein Aufgeben, keine Niederlage oder gar Versagen ist – es ist einfach ein kluges und sinnvolles und bewusstes Agieren mit hoffnungsvollem Blick nach vorne!!!

Gelassenheit

Voraussetzung zur Gelassenheit sind ein gutes Selbstwertgefühl und Selbstvertrauen. Wenn man ge-**lassen** reagieren und leben kann, weil man sich seines eigenen SELBST bewusst ist, erleichtert dies Körper, Seele und Geist gleichermaßen und äußert sich in Gelassenheit. In dem Moment, in dem wir uns selbst nicht achten sind wir unsicher. Unsicherheit bewirkt immer Angst und diese ist ein schlechter Ratgeber im Umgang mit anderen Menschen oder auch in bestimmten Situationen. Wer allerdings optimistisch gestimmt ist und Zuversicht lebt und ausstrahlt, wer daran glaubt und darauf vertraut, dass er immer eine Lösung finden wird - derjenige kann hoffend in die Zukunft blicken und dabei GELASSEN bleiben.

Wie schon in den anderen Kapiteln beschrieben, ist es wichtig, sich nicht über seine Fehler zu definieren oder abzuwerten, sondern sie als Missgeschicke, die uns etwas lehren, hinzunehmen.

Man darf sich also nicht verachten, sondern sollte einen kühlen Kopf bewahren und den Dingen oder auch Missgeschicken ins Angesicht blicken. Aufrecht, vertrauensvoll und klar. Denn Gelassenheit beginnt im Kopf: unsere eigenen Gedanken und leider auch die Gedanken der anderen beeinflussen unser Denken. Zu oft lassen wir uns auch (negativ) beeinflussen – mit einem entsprechenden Selbsstand würde uns dies nicht so häufig passieren.

Cool bleiben – das ist der heutige Ausdruck für die Gelassenheit. Und die Coolsten sind immer die, die auch mal über den Dingen stehen können, die nicht werten und es auch nicht nötig haben, andere schlecht zu machen…

Gott schenke mir die Gelassenheit, Dinge zu akzeptieren, die ich nicht ändern kann; den Mut, Dinge zu ändern, die ich ändern kann und die Weisheit, das eine von dem anderen zu unterscheiden.
-Theologe Reinhold Niebuhr-

Gelassenheit ist auch immer dann von Nöten, wenn wir andere dort lassen möchten, **wo** sie sind und wenn wir sie so lassen möchten, **wie** sie sind.

Dazu gehört eine große Portion Selbststand, der mit einschließt, dass man seine MITTE gefunden hat.

Sorgenvolle Gedanken überwinden

Wer kennt es nicht? Sorgen um die Zukunft, um die Kinder, den Partner, den Job.... Und auch ein jeder wird es kennen, dass sich solche Sorgen verfestigen und man in Grübeleien oder das „berühmte" Gedanken-Karussell verfällt und kaum wieder hinaus findet.

Dies kann sich so manifestieren, dass wir krank von all den Grübeleien werden - vom Nachdenken und sich im Kreise drehen. Wir nehmen uns selbst die Lebensqualität, die wir uns bisher so sorgsam aufgebaut und erhalten haben. Wir verlernen damit, im „Hier und Jetzt" zu leben; wir sind erschöpft vom vielen Nachdenken, wir verspannen uns und bekommen davon Schmerzen; wir fühlen uns abgeschlagen und traurig, gar depressiv.

Sich zu sorgen, ist prinzipiell erst einmal nichts Negatives – ohne vorsorgende Sorgen, wie Vorsorgeuntersuchungen oder der vorsorgenden Aufmerksamkeit vor schwierigen Situationen, wären wir gar nicht lebensfähig. Aber sobald sich diese Sorgen übertrieben äußern oder wir in eine Art Starre oder Karussell gelangen, muss man die Gedankengänge mit einem klaren „Stopp!" und/oder „Nein!" unterbrechen. Denn wir Menschen neigen zum Drama. Wir meinen Katastrophen erahnen zu können in unserem Sorgen-Dasein und tun uns damit nicht gut. Angst und Panik machen sich breit und psychosomatische Beschwerden, wie Herzrasen, Kopfschmerzen und so weiter können auftreten. Dann sind diese Gedanken krankmachend und wenig bis gar nicht hoffnungsvoll.

Hier hilft ebenfalls das Mental-Training (MT) und das Bewusstmachen der tatsächlichen Sorgen: was kann ich ändern - was ist einfach nicht zu ändern; sowie das Vorausschauen, was man in der nächsten ähnlichen Situation besser machen könnte. So schauen Sie nach vorne, so HOFFEN Sie und werden zuversichtlich. ☺ Außerdem hilft diese Technik, notwendige Energie einzusparen. ☺

Schuldgefühle

Irrtümer werden erst dann zu Fehlern,
wenn man sich weigert,
sie zu korrigieren.
-John F. Kennedy-

Vorwürfe und Zurechtweisungen – diese Verhaltensweisen sind sicherlich schon jedem begegnet. Als Kind haben wir es erlebt und es wiederholt sich auch noch im Erwachsenenalter. Wenn wir ganz ehrlich mit uns sind, stellen wir fest, dass wir uns selbst ebenfalls oft Vorwürfe machen. Schon in der Kindheit sind wir sehr sensibel und empfänglich für das gesprochene und auch das unausgesprochene Wort – die nonverbale Kommunikation. Schnell begreifen wir Signale wie Mimik, Gestik und Körperhaltung unseres Gegenübers. Je nachdem, wie unsere Erfahrungen mit solchen Signalen sind, werden wir als Erwachsene aus diesem Erfahrungsschatz schöpfen – und sei es, dass wir wieder mit Schuld reagieren. Wir haben Angst vor negativen Reaktionen - das verunsichert uns und wir fühlen uns womöglich verurteilt. Dass dies körperliche Auswirkungen haben kann, liegt nah: Verspannungen, Schmerzen und Essstörungen sind nur einige der psychosomatischen Auswirkungen. Selbstvorwürfe können in Depressionen enden. Ein Depressiver kann nicht hoffen – das ist wieder das Bindeglied zu unserm Thema „Hoffnung".

Auch hier helfen wieder die Techniken des „Mentalen Trainings" und das Wahrnehmen dessen, WAS uns schuldig fühlen lässt. Beobachten Sie sich, gehen Sie den Dingen auf den Grund. Vielleicht entdecken Sie dann im Laufe der Zeit ein bestimmtes „unsinniges" Verhaltensmuster in bestimmten Situationen und können lernen, dieses zu durchbrechen.

Fehler, die Sie selbst begehen, sollten Sie einfach nur OHNE Wertung zur Kenntnis nehmen – allerdings ehrlich und nicht wegschauend. **Machen Sie sich nie als ganze Person schlecht**, sondern nehmen Sie den einen Fehler zur Kenntnis und korrigieren Sie ihn gegebenenfalls. Sich etwas ununterbrochen vorzuwerfen bringt Sie wieder in die bereits erwähnte Gedankenspirale und blockiert Sie. Auch hier hilft wieder das „Stopp!"-Wort, um diese Gedankengänge zu unterbrechen. Sich einen Fehler einzugestehen, ist also der erste Schritt; ihn nicht zu bewerten, ist der nächste Schritt. Fehler macht jeder und im besten Fall lernen wir daraus. Wir geben normalerweise immer unser Bestes. (Die schließt weder eine Entschuldigung, noch Vergeben aus!).

Machen Sie sich klar, dass Sie zum Zeitpunkt des Fehlers das getan haben, was Sie in diesem bestimmten Moment für richtig hielten. So, wie Sie zu dieser Zeit körperlich und auch seelisch dazu in der Lage waren. Nicht mehr, nicht weniger. Vergeben ist nicht einfach, sich selbst zu vergeben scheint noch schwieriger zu sein, aber versuchen Sie es, denn es entlastet.

Freundschaften finden

Echte Freunde zu haben ist wohltuend, stärkend und motivierend. Mit Freunden gemeinsam in eine hoffnungsvolle Zukunft zu blicken, ist schöner und vor allem einfacher, als wenn man einsam ist.

Freunde zu finden, ist allerdings gar nicht so einfach.

Glücklich kann sich schätzen, wer einfach Freunde hat – sei es aus der Kindheit oder der Jugendzeit, aus Vereinen oder Kursen, oder gar aus nachbarschaftlichen Verhältnissen. Wer noch dazu GUTE Freunde hat, kann sich mehr als glücklich schätzen.

Wenn man traurig ist und das Gefühl hat, keine Freunde zu haben, sollte man nachdenken und die Situation analysieren. Einmal kann es natürlich sein, dass man sich beispielsweise durch einen Umzug erst wieder neue Freundschaften aufbauen muss, aber es gibt auch diejenigen, die einfach keine Freunde haben, obwohl sie sich danach sehnen. Fragen wie: „Was brauche ich, um enge Freundschaften aufzubauen?", „Woran sind bisherige Freundschaften gescheitert?", oder auch: „Was hat mich daran gehindert, mich auf Freundschaften einzulassen?", sind notwendig um die eigene Situation klar zu beleuchten. Vielleicht haben

Sie eine Vertrauensperson, mit der Sie ich darüber unterhalten können. Manchmal hat man eine andere Außenwirkung, als man selbst annimmt und wahrnimmt.

Gerade Menschen, die eine chronische Erkrankung haben, können davon leider ein Lied singen. Oft werden sie einfach „zurückgelassen", weil sie nicht mehr so funktionieren wie vorher und sie somit nicht mehr ins „Schema" des Freundeskreises passen. Ich habe so etwas auch schon selbst erleben müssen und viele andere haben mir ebenfalls davon berichtet. Trotzdem sollte man sich selbst auch kritisch beäugen. Es geht nicht um Schuld, oder um eine Wertung. Allerdings ist es oft „nur" Unverständnis der „Freunde" und so etwas ist sehr verletzend. Manchmal aber auch ist es vielleicht unser „Jammern" und Klagen, was Freunde auf Dauer stört, oder andere Verhaltenswiesen, mit denen sie sich nicht belasten möchten. Dies gilt es heraus zu finden - am Besten in einem offenen Gespräch. Sollte dies nicht möglich sein, hilft oft nur der Rückzug: LOSLASSEN, ziehen lassen und sich in Ruhe neu orientieren. Gesunde haben tausenderlei Möglichkeiten: von Sportvereinen, über VHS-Kurse und andere Interessensgruppen. Gehandicapten stehen nicht immer so viele Möglichkeiten offen, da sie eventuell auf Grund ihrer Behinderung nicht so flexibel oder belastbar sind. (Ich selbst musste einen VHS-Kurs abbrechen, weil ich es nicht schaffte, 3 Stunden am Stück dabei bleiben zu können – dazu kam dann ja noch Hin- und Rückfahrt).

Freundschaften im Internet zu schließen - davon wird oft abgeraten. Aber ich habe die Erfahrung gemacht, dass man sich über spezielle Foren und beispielsweise Facebook-Gruppen virtuell mit vielen wunderbaren Menschen „treffen" und engen Kontakt aufbauen kann. Und manche dieser Kontakte wohnen vielleicht sogar in der Nähe und einer persönlichen Begegnung steht nichts im Wege. Sicherlich ist „im Netz" die Gefahr immer sehr groß, dass man auf Betrüger und Fake-Profile trifft. Deshalb sollte man wachsam sein. Ebenso bekannt ist, dass sich die gefühlte Distanz, der normale Abstand, den man in der Realität einhalten würde, in Internet verringert und somit auch Grenzüberschreitungen schneller passieren. Das heißt, es wird schneller gemotzt, gehetzt oder gar gemobbt. Dieser psychologischen Wirksamkeit des Internets muss man sich gewahr sein und man muss aufpassen, auf wen man sich einlässt und wie viel Privates man preisgibt. Oft helfen hier dann schon Telefonate mit den virtuellen Personen weiter, oder man besucht sich auch einmal.

Durch meine MS bin ich in einigen MS-Facebook-Gruppen Mitglied und wir veranstalten mit meiner Lieblingsgruppe einmal im Jahr ein Gruppentreffen: hier werden die Personen real – wir können uns „anfassen" und den Kontakt vertiefen, oder auch wieder Abstand voneinander nehmen. Zu manchen Leuten habe ich mittlerweile engen privaten Kontakt, auch außerhalb der Gruppentreffen. Deshalb wehre ich mich gegen das Pauschalisieren von Aussagen, dass man im Internet keine wahren Freundschaften knüpfen kann. Mich haben meine vertrauten virtuellen Kontakte schon alltagsnäher trösten können, als es mancher Freund in der Realität je könnte. Erstens sind die Freunde in den (in meinem Fall) MS-Gruppen näher an meinem täglichen Empfinden dran und zweitens verstehen sie meine spezielle MS-Problematik natürlich besser, als es ein Gesunder kann. Ich persönlich kann solche Gruppen (so etwas findet sich für fast jede chronische Erkrankung, aber auch Handwerks-Gruppen, Handarbeits-Gruppen und so weiter gibt es zu Hauf) nur empfehlen, allerdings wirklich mit gewisser Vorsicht. Aber letztendlich muss das jeder für sich entscheiden. Sicherlich liegt es auch nicht jedem, sich solchen Gruppen anzuschließen.

So wie es auch nicht jedem liegt, einen großen Freundeskreis haben zu wollen. Wichtig ist immer, dass man sich selbst mit seiner JETZT-Situation wohl fühlt. Man selbst spürt was man braucht und was nicht. Da solle man sich auch nichts von außen überstülpen lassen. Nur Sie und IHR Empfinden sind maßgeblich.

Und wenn Sie sich doch lieber in Gesellschaft aufhalten, dann seien Sie mutig, wenn Sie sich einsam fühlen. Partnerschafts-Börsen sind beispielsweise ebenfalls eine Möglichkeit, neue Leute oder einen Partner kennen zu lernen. Wer nichts wagt, der kann auch nicht gewinnen! Und gemeinsam macht das Leben oft mehr Freude und gemeinsames Hoffen ist doch etwas wundervoll Verbindendes! ☺

Allerdings ist auch klar, dass sich dies in der Praxis alles nicht so einfach gestaltet, wie es in der Theorie beschrieben wird! Es muss sich also niemand schlecht und weniger Wert fühlen, wenn es ihm nicht gelingt, Freundschaften zu finden.

Vertrauen

Vertrauen ist ein großes Wort, hat eine große Bedeutung und ist ein Grundstein in unserem sozialen Leben.

Ein jeder wird davon berichten können, dass er schon einmal einen Vertrauensbruch erlebt hat, enttäuscht wurde und vielleicht sogar voller Misstrauen ist, oder auch schon volles Vertrauen erfahren durfte.

Vertrauen ist in psychologischer Hinsicht gesehen eine subjektive Überzeugung von der (oder auch als Gefühl für oder Glaube an die) Richtigkeit, Wahrheit beziehungsweise Redlichkeit von Personen, Handlungen, Einsichten und Aussagen eines anderen oder von sich selbst (Selbstvertrauen). Zum Vertrauen gehört auch die Überzeugung der Möglichkeit von Handlungen und der Fähigkeit zu Handlungen. Man spricht dann eher von Zutrauen. Als das Gegenteil des Vertrauens gilt das Misstrauen. Das Wort „trauen" gehört zu der Wortgruppe um „treu" = „stark", „fest", „dick".

In Anlehnung an: https://de.wikipedia.org/wiki/Vertrauen).

Ohne Vertrauen also, und vor allem ohne Selbstvertrauen, ist ein optimistischer Blick in die Zukunft nicht möglich. Das heißt: ohne Vertrauen ist auch kein HOFFEN möglich. Deshalb möchte ich dieses Wort und seine Bedeutung beleuchten.

Wer sich (s)einer Sache sicher sein kann, kann darauf vertrauen. Aus gemachten Erfahrungen baut man die sogenannte „Vertrauensgrundlage" auf: diese gilt auch als das Vertrauen in eine Person, der man selbst vertraut. Ebenso gilt dies für das Vertrauen in sich SELBST (Selbstvertrauen). Jemandem sein ganzes Vertrauen zu schenken, zeigt, dass Vertrauen teilweise übertragbar ist.

Das kindliche Vertrauen, das uns Geborgenheit vermittelt und das Vertrauen schenkt (beispielsweise den Eltern gegenüber, wenn ein Kind von einer Mauer herunter in die ausgebreiteten Arme des Vater springt und weiß, dass er es auffängt) - das ist ein Urvertrauen, das im besten Fall von Geburt an beherzigt und gelebt wurde. Aber selbst solch gut sozialisierten Kindern wird es irgendwann einmal passieren, dass ihnen entweder kein Vertrauen entgegengebracht wird, oder sie selbst dem Gegenüber nicht vertrauen können. Wie alles im Leben scheint dies eine große Gratwanderung zu sein. Jeder Erwachsene hat UNZÄHLIGE Situationen von Vertrauen und Misstrauen, von Enttäuschung und auch erfüllter Erwartung erlebt.

Ein gesundes Misstrauen ist ein Schutzmechanismus, der wichtig ist um schlechte und schlimme Erfahrungen zu vermeiden.

Ein gesundes Vertrauen eröffnet Chancen und positive Erfahrungen. Prinzipiell ist Vertrauen die Grundlage einer jeden funktionierenden Beziehung. Und Vertrauen zu sich selbst ist ein Grundstein für ein erfülltes Leben.

Es ist wichtig, dass wir nicht aufgeben, sondern unserem Gefühl von Vertrauen TRAUEN. Das wissen Menschen mit Behinderungen sehr gut und auch Gesunde können von vielen solchen Situationen berichten. An uns, unsere Fähigkeiten und Stärken zu glauben, ist äußerst wichtig. Damit stellt sich eine Art Gelassenheit ein (LOSLASSEN) und vor allem das Vertrauen in die Zukunft und somit das HOFFEN. Wenn sich, wie vorher in den anderen Texten beschrieben, dann erste nachhaltige Erfolge einstellen, wächst die Zuversicht und dies stärkt das Selbst-Vertrauen. Bleiben Sie dran, geben Sie nicht auf und vor allem geben Sie niemals die Hoffnung auf!

Sinnhaftigkeit

Sinnhaftigkeit ist mit Sicherheit die Basis und Grundlage unseres Seins und unseres Strebens nach der Zukunft – unserem nach vorne Schauen. Ohne Sinn macht Vieles keinen Sinn…. So scheint es. Ohne Sinn würden viele Menschen schneller aufgeben, weniger hoffnungsvoll sein und in ihrem Leben tatsächlich keinen Sinn sehen. Also macht es Sinn, über die Sinnhaftigkeit nachzudenken. ☺

Die Bedeutung lässt sich so erklären: Nutzen, Sinn, Ziel, Zweck, Zweckhaftigkeit. Das Gegenteil wäre die Sinnlosigkeit (Zwecklosigkeit, Nutzlosigkeit, Vergeblichkeit).

Foto: Norbert Dittmar

Die gegebene Lebenszeit sinnvoll zu verwenden ist eine der vielen Ideen der Sinnhaftigkeit. Horaz (römischer Dichter) rief schon vor über 2000 Jahren genau dazu auf. Das heißt, diese Überlegung ist nicht neu, sondern scheint seit Menschengedenken zu bestehen. Und gerade in der heutigen schnelllebigen Zeit hat das sinnvolle Leben noch mehr Gewicht.

Meistens kommt uns etwas sinnvoll vor, wenn wir etwas damit erreichen können, Erfolg haben oder zufrieden aus einer Situation hinausgehen. Dies gilt für Zeit, die wir sinnvoll gespendet und verbracht haben ebenso, wie für Dinge, die wir erledigen oder kaufen konnten. Noch dazu ist es schön, das Gefühl haben, dass uns das Gekaufte entweder einen bestimmten Nutzen bringt und/oder uns gut tut. Ansonsten haben wir ein ungutes Gefühl und ein Gefühl von Sinnlosigkeit. In Bezug auf „Zeit" haben wir dann womöglich das Gefühl, Zeit für das Ziel eines Fremden „geopfert" oder verschwendet zu haben.

Was also empfindet jeder Einzelne für sich als Sinn?

Mir fallen spontan meine Kinder ein – sie sind meine Zukunft, mein Sinn des Lebens. Aber auch mein Mann, meine Familie, mein Hund und meine Freunde geben mir Sinn, ebenso wie mein Schreiben und meine Arbeit mit MULTIPLE ARTS. Würde mir davon etwas genommen, würde mir erst einmal etwas Erfüllendes und Sinnmachendes fehlen. Könnte man mir erklären, warum dies so sei, würde es vielleicht dann auch wieder eher Sinn machen. Vielleicht! ☺

Viele Menschen haben das Gefühl, ihre Zeit sinnvoll zu nutzen, wenn sie sie überwiegend für entweder sich selbst nutzen, oder auch für den Partner, die Familie, Freunde und so weiter.

Im Grunde ist der „Nutzen" etwas sehr Persönliches. Der Sinn eines Zeiteinsatzes liegt deshalb immer im Auge des Betrachters. Bezogen auf eine sinnvolle Tätigkeit wäre es der Sinn nach persönlicher Entwicklung und des persönlichen Wachstums.

„Zeit, die wir uns nehmen, ist Zeit, die uns etwas gibt." Diese Aussage von Ernst Ferstl ist sicher auch etwas sehr Zutreffendes.

Sicher ist, dass Sinnhaftigkeit auch mit Hoffnung belegt ist. Ohne Sinn keine Hoffnung und umgekehrt gilt das sicherlich ebenso.

Deshalb ist es so wichtig, sich mit sich selbst zu beschäftigen und dabei herauszufinden, wer man wirklich ist und was man wirklich (erreichen) will. Denn so gelingt es auch, seine ganz individuellen Ziele im Leben zu finden und zu definieren. Das Spektrum der Vorstellungen ist mit Sicherheit riesig. Ein Kranker wünscht sich vielleicht einen Tag ohne Schmerzen und findet den Sinn des Lebens, seines Lebens, trotz Schmerzen schnell. Ein Anderer ist zwar vielleicht gesund und schmerzfrei, hat aber noch nicht sein inneres Selbst gefunden und somit auch noch nicht den Sinn seines Lebens.

Es schadet auf keinen Fall, sein eigenes Leben zu beleuchten und zu überlegen, wo einem der Sinn fehlt: wenn man beispielsweise im Beruf keinen erfüllenden Sinn sieht, oder die dort verbrachte Zeit als Verschwendung ansieht, merkt man schnell, dass keine Balance vorhanden ist. Leider haben viele Menschen das Problem, dass sie gar nicht wissen, was ihnen persönlich eigentlich wichtig ist. Wenn diejenigen ein Selbst-Management betreiben, in sich gehen, nachspüren und offen sind, dann haben sie die Chance, ihre Zeit-Investition in allen Lebensbereichen zu analysieren und gegebenenfalls zu „optimieren". Dies kann dann zu einem erfüllterem Leben führen, allerdings muss man dafür erkennen, was dazu nötig ist.

In dem Moment, in dem der Aufwand den Nutzen übersteigt, wird etwas sinnlos. Das gilt sowohl für menschliche Beziehungsgeflechte, wie auch für Ereignisse.

Benjamin Franklin sagte: „Liebst Du das Leben? Dann vergeude keine Zeit, denn daraus besteht das Leben." Und doch muss uns klar sein, dass die Investition unserer Zeit in persönliche Ziele auch immer nur bis zu einem bestimmten Maß sinnvoll ist. Wer Fatigue (chronisches Erschöpfungs-Syndrom) und Ähnliches kennt, weiß, wie sehr man sich einteilen muss und wie stark man Prioritäten setzen muss. Dieses leider notwenige Energie-Management hat aber den Vorteil, dass man bewusster lebt, weil man einfach nicht alles „mitnehmen" kann. Dieses bewusstere Leben ist dann auch mit den sparsam ausgewählten Momenten sehr erfüllend. Eventuell wird dem Kranken Einiges fehlen, aber die Bewusstmachung unserer Bedürfnisse und Wünsche und das Reduzieren auf ein gutes Maß – das ist die Kunst des sinngebenden Handelns. Auch für Gesunde gilt: es ist wichtig zu wissen, wann man „genug" hat. Und das findet man heraus, wenn man sich mit sich selbst eingehend und in liebevoller Zuwendung beschäftigt. Denn eins ist klar: Durch das Erforschen der eigenen Maßstäbe vermeidet man unschöne Zeitverschwendung, sondern man lebt bewusster.

Und interessanter Weise ist es ja so, dass die Zeit, die man für sein Wachsen, sein Reifen und für sich selbst einsetzt, geschenkte Zeit ist, die man wieder zurück bekommt, weil man sich dann nur noch für etwas einsetzt und Zeit gibt, was einem gut tut, weiterbringt. Diese Investition ist niemals sinnlos, da sie für einen SELBST ist. Diese Investition bringt uns weiter, führt und motiviert uns, sie heilt uns sogar.

Mit diesem Blick nach vorne hoffen wir wieder, geben unserem Leben einen Sinn. Konfuzius sagte dazu: „Der Weg ist das Ziel." und das habe ich bereits in meinem Buch „Die Reise zum Glück" beschrieben. Jede Erkenntnis, die man gewinnt, ist sofort auch wieder die Grundlage für weitere Erkenntnisse, Ideen und hoffnungsfrohe Momente.

Wichtig ist, sich auf diesem WEG nicht unter Druck setzen zu lassen. Weder von außen, noch von sich selbst. Jeder bestimmt sein Tempo selbst. Sich auf einen Weg zu machen, ist immer sinnvoll - es eröffnen sich neue Chancen und Möglichkeiten. Es gibt weder eine „gute", noch eine „schlechte" Entwicklung. Und man muss sich auch niemals fragen, ob man es „richtig" oder „falsch" macht. Jeder Mensch ist ein Individuum, hat eine Persönlichkeit und kann persönlich wachsen. Egal ob er behindert ist oder nicht behindert. Das macht SINN!

„Entwicklung ist der Zweck des Lebens, das Leben selbst ist Entwicklung, also ist das Leben selbst Zweck." (Georg Büchner)

Das Fazit daraus ist auch Folgendes: **Wenn man sich selbst besser versteht, kann man auch andere besser verstehen!** Das gehört auch zum Thema Achtsamkeit. Achtsamkeit sich selbst gegenüber beinhaltet automatisch die Bereitschaft zur Achtsamkeit anderen gegenüber.

Noch ein Zitat zum Thema von Arthur Schopenhauer:
„Gewöhnliche Menschen überlegen nur, wie sie ihre Zeit verbringen. Ein intelligenter Mensch versucht, sie auszunutzen."

Achtsamkeit

Achtsamkeit kann als Form der Aufmerksamkeit im Zusammenhang mit einem besonderen Wahrnehmungs- und Bewusstseinszustand verstanden werden.

Eine der in der Forschungsliteratur am häufigsten zitierten Definitionen stammt von Kabat-Zinn. Demnach ist Achtsamkeit eine „bestimmte Form der Aufmerksamkeit, die absichtsvoll ist, sich auf den gegenwärtigen Moment bezieht (statt auf die Vergangenheit oder die Zukunft) und nicht wertend ist."

Auszug aus meinem Buch „Die Reise zum Glück":

Die Achtsamkeit uns SELBST gegenüber ist ein wichtiges Thema – denn nur wenn wir uns selbst gegenüber achtsam begegnen und uns in diesem Sinne selbst würdevoll und respektvoll, sowie liebevoll behandeln, können wir die Achtsamkeit abgeben – nach außen.

Das heißt, sich selbst ganz auf den aktuellen Moment besinnen und uns selbst ebenso ganz bewusst zu beobachten, um mit einem bestimmten Handeln daraus hervor gehen zu können – das ist der Beginn der Achtsamkeit.

Das wiederum bedeutet, dass wir eine besondere Aufmerksamkeit der Bewusstheit von momentanen Vorgängen und Erfahrungen widmen müssen.

Wenn wir dies täglich (gar stündlich / jederzeit) üben, werden sich mit zunehmender Achtsamkeit auch die gewohnheitsmäßigen automatischen und unbewussten Reaktionen auf das gegenwärtige Erleben reduzieren.

Dies kann im besten Fall dann zu einem hohen Maß an situationsadäquatem, authentischem und selbstbewusstem Handeln führen. Und genau das ist unser Ziel.

Wenn wir ein klareres Verständnis bezüglich uns selbst und hinsichtlich des eigenen Lebens erlangen, wenn wir also umgangssprachlich gesagt, den „Durchblick" haben, können wir auf unsere Bedürfnisse auch deutlich adäquater eingehen und sie vor allem erst einmal wahrnehmen.

Mit Achtsamkeit, die man in sein Leben integriert, kann man sich psychischen Belastungen, Stress-Situationen und widrigen Lebensumständen besser gewachsen fühlen.

Dadurch, dass man sich seiner SELBST mehr gewahr wird, erreicht man mehr Ausgeglichenheit und man wird mit sich selbst geduldiger und kann lernen, sich selbst besser zu akzeptieren.

Eine große Übung in diesem Prozess ist es dann, nicht wertend zu sein, sich nicht selbst zu verurteilen, sondern unvoreingenommen und offen (fast kindlich) einen Blick auf sich selbst und sein Leben zu werfen.

Deshalb gehen Sie wirklich stets achtsam mit sich selbst um. Beginnen Sie jetzt, spätestens morgen nach dem Aufstehen ☺ „

ZIEL der Achtsamkeit ist es, sich mit allen Sinnen ganz auf das einzulassen, was wir wahrnehmen und spüren. Völlig dabei sein – GANZ – bei gerade dem, was wir tun. Sozusagen Hingabe an den Augenblick, an den Moment des Genusses. Dieses innehalten lässt uns wieder gewahr werden, was wir HABEN, wir lernen erneut zu genießen, zu staunen und hinzuschauen. Mehr im HIER und JETZT leben, sich einzulassen auf den Moment.... Diese bedeutet, dass wir unsere Gedanken nicht in der Vergangenheit hängen lassen und uns gegebenenfalls auch nicht mit schmerzlichen Erinnerungen quälen. Wenn wir IM Augenblick leben, wenn wir ganz SIND, dann leben wir bewusster. Wen wir bewusster leben, leben wir meist erfüllter und das bringt uns in die Richtung des Hoffens.

Foto: Norbert Dittmar

Coping = Bewältigung

Um etwas Schwieriges bewältigen zu können, müssen wir lernen, die **jeweilige Stress-Situation zu verändern oder uns ihr anzupassen**. In der Zukunft sollte man dann lernen, diese Situationen zu meiden. Wir müssen lernen, mit unseren Negativ-Gefühlen in solch einer belastenden Situation umzugehen.

- ✓ **Ziel ist es, dass wir langfristig Bewältigungsstrategien erlernen und anwenden können, um den jeweiligen Stress möglichst schon im Vorfeld zu erkennen und abbauen zu können.**

Daraus können sich sinnvolle Lernprozesse ergeben, die neue Kompetenzen aufbauen. Diese sind somit die Grundlage für neue Entwicklungsschritte und Ressourcen für das zukünftige Leben.

Im medizinischen Sinne bezeichnet Coping das Bewältigungsverhalten von Menschen mit chronischen Krankheiten und Behinderungen.

Das Hoffen wird erleichtert, wenn man nicht an sich und seinem Leben (ver)-zweifelt, nicht nur negativ, sondern durchaus positiv denkt und sich nicht von negativen Gefühlen aus der Bahn werfen lässt.

Man kann viele Methoden anwenden (siehe SWT), wie auch Entspannungstechniken und vor allem psychotherapeutische Hilfe in Anspruch nehmen.

KAPITEL 3
LACHEN

KRANK!!!

Hab` mal meine Symptome gegoogelt:
entweder habe ich SCHNUPFEN,

oder eine kaputte Zylinderkopfdichtung!

by MULTIPLE-ARTS.com

LACHEN

Lachen ist ansteckend – was ein Glück! Endlich eine sinnvolle Ansteckung! ☺ Lachen ist gesund! Lachen ist die beste Medizin!
„Humor ist, wenn man trotzdem lacht…!"
Lachen – etwas Wundervolles, etwas Vereinendes, Wohltuendes und Harmonisierendes. Lachen tut Körper und Seele gleichsam gut.
Beim Lachen werden etwa 80 Muskeln im gesamten Körper aktiv (im Gesicht 17). Beim Lachen werden Endorphine (sogenannte Glückshormone) ausgeschüttet, die Immunabwehr wird gestärkt, der Stoffwechsel angeregt, Schmerzen lassen nach und Vieles mehr). (Quelle: http://www.lebenshilfe-abc.de/lachen.html).
Also sollte uns nichts vom Lachen abhalten. Und doch tut genau dies unser Alltag sehr oft. Die Kunst ist es also, sich das Lachen und den Humor zu bewahren, auch wenn uns das Leben gerade in die Knie zwingt.
„Gibt Dir das Leben Saures, streue Zucker drauf und trinke es als Tequila" – so ist ein beliebter Spruch, der nichts anderes besagt, als zu lernen, aus jeder noch so traurigen Situation das Beste zu machen.
Lachen ist uns zum Glück angeboren und wirkt immer befreiend und auch entlastend. Mit Lachen können wir Stress abbauen und unser körperliches und seelisches Wohlbefinden stärken. Lachen - Ein Medikament ohne Nebenwirkung und diese Medizin kostet nichts. Und doch vergeht uns das Lachen auch oft.
Also gilt es wieder einmal, dass wir lernen, auch in weniger lustigen Momenten etwas Komisches daran finden zu können, denn Humor kann uns in manch einer heiklen oder auch peinlichen Situation schlicht und ergreifend retten.
Lachen zu erzwingen scheint unmöglich, sich aber etwas Lustiges vorzustellen, sich lustige Sprüche durchzulesen – das tut gut und zaubert uns vielleicht gar ein Lächeln ins Gesicht. Deshalb schadet es auch nicht, den Tipp zu beherzigen, sich morgens schon zuzulächeln, denn unser Gehirn registriert dies sehr wohl als „Lachen" und schüttet Endorphine aus. Dies können Sie so oft wie möglich am Tage wiederholen – Lächeln macht glücklich und lässt uns mit Zuversicht und Hoffnung in die Zukunft schauen.

Ich füge hier ein paar meiner lustigen „Sprüche-Cards" ein – meine MULTIPLE ARTS - Facebook-Freunde werden sie wiedererkennen. Ich informiere auf meiner Seite und meinem Blog zwar hauptsächlich über MS, aber das Lachen darf einfach niemals zu kurz kommen.

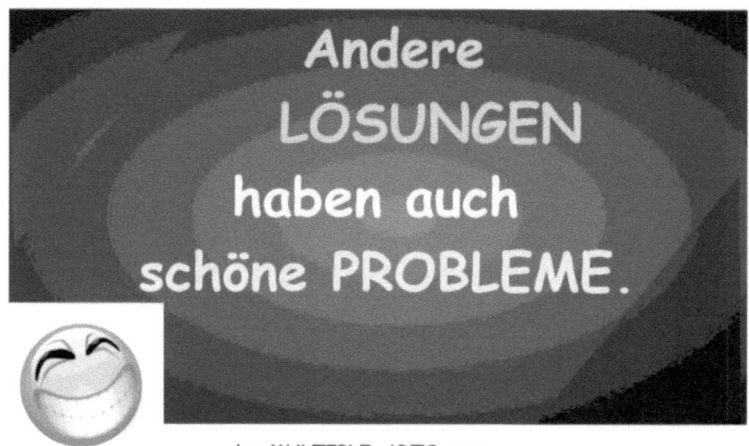

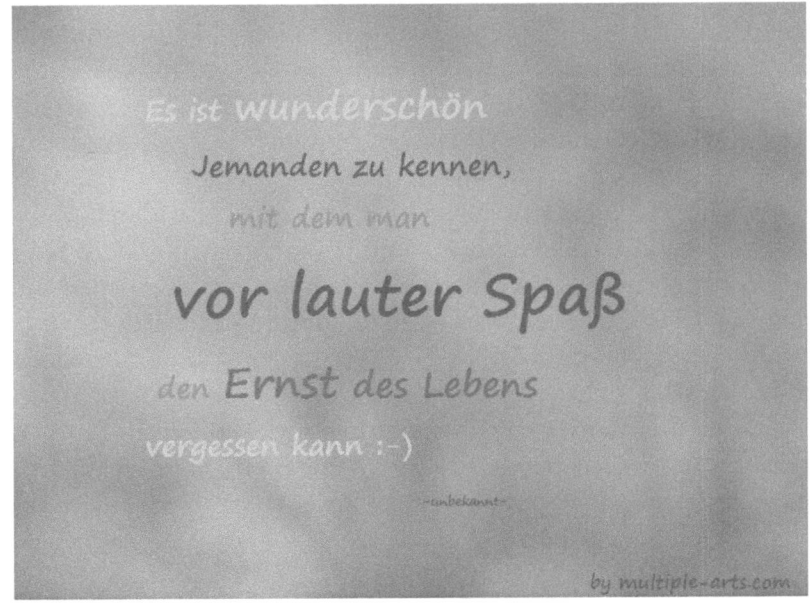

Menschen mit körperlichen Beeinträchtigungen

Ein Kapitel des Buches möchte ich jenen Menschen widmen, die an einer chronischen Erkrankung leiden oder die eine Behinderung haben, sowie deren Angehörigen.

Da ich ja selbst MS habe (ich schreibe bewusst NICHT: „unter MS leide"!) und blogge, habe ich täglich Kontakt mit körperlich behinderten Menschen. MS ist die Krankheit der 1000 Gesichter und so unterschiedlich verläuft sie tatsächlich. Jemand, der wie ich bisher, eine nur milde Verlaufsform hat, kann sich sicher nicht im Entferntesten ausmalen, wie es ist, mit einer schweren und extrem stark beeinträchtigenden Behinderung zu leben. Deshalb bitte ich alle schwerstbehinderten Menschen um Verzeihung, sollte ich Sie mit meinen Äußerungen verletzen oder verletzt haben.

Ich schreibe meine Bücher immer authentisch, das heißt aus meinen eigenen Erfahrungen heraus und versuche auch andere Dinge zu berücksichtigen. Dies wird mir leider nicht immer gelingen. Aber eins haben wir alle: wir leben anders als gesunde Gleichaltrige, wir SIND beeinträchtigt und wir MÜSSEN unser Leben darauf einstellen – ob wir wollen oder nicht.

Man kann lernen, seiner Behinderung nicht so viel Bedeutung beizumessen (wenn überhaupt möglich), man kann lernen, nicht mehr täglich oder stündlich mit seinem Schicksal zu hadern – und doch müssen wir oft dem Leben trotzen, müssen kämpfen und der Krankheit/Behinderung die Stirn bieten.

Ich selbst kämpfe für die Anerkennung der „unsichtbaren Symptome", die mich mit meiner Form der MS hauptsächlich begleiten. Und auch das verbindet viele chronisch Kranke, denn Vielen sieht man ihre Erkrankung nicht an (Rheuma, Fibromyalgie, Krebs und viele Erkrankungen mehr) und dies führt zu vielen Missverständnissen, zu Unverständnis und seelischen Verletzungen.

Und doch haben wir alle einen (normalerweise) großen Lebenswillen – wir möchten uns nicht unterkriegen lassen und HOFFEN auf möglichst gute Lebensqualität und dass uns nicht noch mehr genommen wird.

Viele mussten nach einer Diagnose oder nach einem Unfall ein neues Leben beginnen – nichts ist mehr, wie es einmal war. Und doch haben die meisten von uns nicht die Hoffnung verloren. Das ist an sich schon sehr bewundernswert. Sicherlich haben sich unsere Erwartungen verändert. Manch ein Behinderter wünscht sich einfach nur einen Tag, eine Stunde OHNE Schmerzen – ein Wunsch, den ein völlig Gesunder nicht haben wird. Es verschieben sich Prioritäten, Wünsche und auch Hoffnungen. Ich hoffe natürlich auf Heilung von MS und allen anderen (zum Teil auch tödlich verlaufenden) Krankheiten, aber ich weiß, dass Heilung zumindest bei Krankheiten wie MS leider noch eine Illusion ist. Deshalb beschränke ich meine Hoffnungen etwas und hoffe auf gute Tage mit meiner MS! ☺

Ich sehe meine Erkrankung nicht unbedingt (nur) als Chance – das wird uns ja oft gesagt und fast schon vorgeworfen: „Sehe Deine Krankheit doch als Chance!". Danke – nein, sie ist keine Chance, sie ist ein Fluch. Und doch habe ich aus ihr Kraft geschöpft, Neues entdeckt und erfahren, neue und liebenswerte Menschen kennengelernt und habe mit dem Schreiben von Büchern begonnen, führe einen tollen Blog, samt Facebook-Seite und erhalte täglich unglaublich schönes Feedback. Das ist der schönste Lohn, den man sich als Autorin vorstellen kann. Und doch denke ich, dass ich gerne OHNE MS Autorin geworden wäre - so undenkbar ist das nicht einmal. Ich bin froh, für mich einen Weg gefunden zu haben: hinaus aus dem Elend der Krankheit, hinaus aus der Angst und hinein in die Hoffnung. Ich bin dankbar, dass mir dieses Schicksal in diesem Punkt zuteil wurde. Aber: ich wäre lieber gesund, leistungsfähig und agil und könnte wirklich und richtig am Leben teilhaben. Wie mag es erst jemandem gehen, der all dies nicht „hat", der körperlich und/oder geistig stärker beeinträchtigt ist??? Diese Menschen sind noch größere Kämpfer und können manch Gesundem ein leuchtendes Beispiel an Hoffnung, Zuversicht und Lebenswillen sein. Diese Menschen haben es geschafft, aus einer Katastrophe herauszukommen und sich ein Leben zu erhalten.

Als Fazit ist es mir wichtig zu erwähnen, dass man an solchen Menschen sieht, dass auch äußerliche (Un)-Versehrtheit keine Rolle spielen muss, dass Behinderungen an sich keine Rolle spielen müssen und dass man trotz Behinderung glücklich sein KANN.

Eins ist sicher: wir haben meistens eine WAHL: die Wahl, WIE wir mit unserer Behinderung und unserem Leben umgehen, was wir daraus machen und wie wir auf Unvorhergesehenes reagieren…. Wir entscheiden uns in diesem Moment für Hoffnung und Freiheit – der Schlüssel zu einem erfüllten Leben.

Foto: Norbert Dittmar

*GRÜN-IST-DIE HOFFNUNG-Torte

Boden:

150 g Löffelbiskuits
125 g Butter

Creme:

1 Packung Götterspeise (Waldmeistergeschmack)
300 g Frischkäse
2 Becher Sahne
Einen Spritzer Zitronensaft
150 Gramm Zucker
1 P. Vanillinzucker

Zubereitung:

Die Götterspeise in einer dreiviertel Tasse heißem Wasser verrühren und ständig umrühren.

Die Löffelbiskuits in einen Gefrierbeutel füllen und mit einem Nudelholz zerbröseln. Butter schmelzen, alles zusammen mischen und in eine gefettete Springform drücken.

Frischkäse und Zitronensaft mit dem Zucker mischen.

Sahne separat mit Vanillinzucker steif schlagen.

Abgekühlte Götterspeisenmischung unter die Frischkäse-Mischung geben und gut durchrühren. Zum Schluss die Sahne unterheben, gut mischen und in die Springform auf den Boden füllen.

Circa 3 Stunden kalt stellen.

Guten Appetit!

*Smoothie „Kap der süßen Hoffnung"

Zutaten:

200 Gramm Himbeeren
3 Äpfel
1 Kopf Blattsalat
½ Gurke
2 Tassen Wasser
Eventuell noch zusätzliches Obst nach Belieben

Zubereitung:

Die Äpfel entkernen und in kleine Stücke schneiden. Gurke (evtl. schälen) in kleine Stücke schneiden. Den Salat abwaschen, klein rupfen und mit den Äpfeln, den Himbeeren und dem Wasser in einen Mixer geben - alles gut durchmixen.

Der Smoothie sieht am Ende leicht bräunlich aus, gehört aber zu den "grünen" Smoothies, da ja Blattsalat verwendet wird.

*Lachs-Spinat-Rolle „Glücksgefühle"

Zutaten:

125 Gramm Tiefkühl-Spinat
4 Eier
50 Gramm geriebenen Käse
250 Gramm Räucherlachs
200 Gramm Kräuterfrischkäse
Salz und Pfeffer
Etwas Parmesan
Etwas Zitronensaft

Zubereitung:

Spinat auftauen.
Eier schaumig schlagen.
Spinat, Salz, Pfeffer, Käse mit der Eiermasse mischen.
Ein Backblech mit Backpapier auslegen und mit Parmesan bestreuen, die Masse darauf verteilen.
10 Min. bei 200 Grad backen.
Auskühlen lassen und so umdrehen, dass die Spinat-Füllung auf die Käseseite gestrichen werden kann: erst mit Kräuterfrischkäse bestreichen, darauf den Lachs verteilen, mit Zitronensaft beträufeln.

Das Ganze nun fest aufrollen. Die Rolle in Klarsichtfolie wickeln und mindestens 3 Stunden kühlen. Danach in beliebig dicke Scheiben schneiden.

Dazu Baguette und Sahnemeerrettich reichen.

Kapitel 6
Meine Texte

Lieber Leser, in diesem Kapitel präsentiere ich meine Texte. Wer meine Homepage kennt, ist damit vertraut. Es kann nun auch sein, dass sich mal etwas wiederholt – aber die Texte sind in sich abgeschlossen und ich möchte sie auch so belassen.

Da ich selbst ja MS habe und diese natürlich ein Teil meines Lebens ist, spielt sie auch in meinen Artikeln eine Rolle. Ich habe nun Texte herausgesucht, die zum Thema Hoffnung passen und in denen die MS keine übergewichtige Rolle spielt. Im Grunde ist das Wörtchen „MS" auch mit allen anderen schwierigen Situationen im Leben „austauschbar"! Ersetzen Sie es einfach für die für Sie passende Richtung.

GUTE Dinge kommen Dir entgegen. Höre nur nie auf zu LAUFEN.

-frei nach R. W. Painter Jr.

*HOFFNUNG

*Hoffnung ist nicht die Überzeugung,
dass etwas gut ausgeht,
sondern die Gewissheit,
dass etwas Sinn macht,
... egal, wie es ausgeht.*
-unbekannt-

Hoffnung, ein fast „abgedroschenes" Wort und doch trägt uns eben dieses Wort samt allen Emotionen, die damit verknüpft sind weit; sehr weit.

Hoffnung verleiht Flügel, schenkt uns Kraft und Energie – wenn auch nur für kurze Zeit. Aber dieses Lichtlein am Ende eines Tunnels, dieser Funke „Hoffnung" zeigt uns so oft unseren Weg und auch das Ziel. Ohne Hoffnung würde der Menschheit etwas Existenzielles fehlen.

Hoffnung ist das Hoffen auf das Gelingen einer Sache. Dies beinhaltet ebenso die „Erwartung", dass etwas Wünschenswertes eintritt, ohne dass eine wirkliche Gewissheit darüber besteht.

Hoffnung ist aber auch eine zuversichtliche innerliche Ausrichtung. Eine Haltung, Einstellung sozusagen ebenso, wie das völlig „unverhoffte" Hoffen und Erwarten. Das Positive daran ist der Optimismus, der unweigerlich beim Hoffen mit von der Partie ist.

Natürlich gibt es aber auch unangenehme Begleiter, wie Angst und Sorge, dass das Erwünschte nicht eintritt. Heikel ist diese Gratwanderung zwischen „nach vorne blicken" und der Verzweiflung. Manchmal gar Hoffnungslosigkeit. Jeder Mensch hofft irgendwann einmal. Mal mehr, mal weniger. Und im Sprachgebrauch verwenden wir dieses Wort des Öfteren: „Es besteht noch Hoffnung", oder „Die Hoffnung stirbt zuletzt", sind nur zwei von vielen Redewendungen.

In Bezug auf MS und andere chronischen Krankheiten nimmt das Hoffen noch einmal eine Sonderrolle ein. Denn wir hoffen zusätzlich, zu dem normalen Hoffen eines Jeden, dass uns die Krankheit nicht zu sehr beutelt, dass wir Heilung finden oder auch ganz praktisch, „dass morgen alles besser ist"!

Ohne Hoffnung würde sicherlich für manche Betroffene der Alltag nur schwer auszuhalten sein. Und es ist anzunehmen, dass jeder auf seine individuelle Art und Weise hofft, meist auch dem eigenen Schicksal angepasst. Unsere Hoffnungen, so habe ich beobachtet, sind realer geworden und kleiner. Ich hoffe zwar natürlich auf Heilung, aber ich hoffe abends eigentlich immer, dass ich am kommenden Tag nicht von unangenehmen Symptomen befallen werde, dass meine Fatigue sich mal ganz still verhält und ich einen zufriedenen Tag verleben kann.

Klein sind unsere Wünsche und Hoffnungen geworden.

Und um auf den Spruch zurück zu kommen: selbst wenn wir wissen, dass es momentan noch keine Heilung für unsere MS gibt, so ist doch das Wissen, dass unser Leben trotzdem, oder gerade deswegen, einen SINN macht, eine wichtige und ebenfalls existenzielle Vorstellung und auch ein Glaube.

Wenn man sich all das GUTE, das man im Leben hat, vor Augen führt, dann macht es auch wieder Sinn zu leben und daraus resultiert dann Lebensfreude. Lebensfreude wiederum ist heilend – und auf jeden Fall wohltuend.

In diesem Sinne macht es Sinn zu hoffen! ☺

Ich wünsche jedem Leser, dass er einen Sinn für sein Leben findet und es auch mit Schwierigkeiten lebenswert gestalten und genießen kann.

*TOLERANZ

Toleranz ist ein hoch gepriesenes Wort und wird doch sehr oft missbraucht. Die, die Toleranz predigen, sind oft die Intolerantesten.

Was aber genau ist Toleranz?

Toleranz bedeutet allgemein ein „Gelten lassen und Gewähren lassen fremder Überzeugungen, Handlungsweisen und Sitten".
(https://de.wikipedia.org/wiki/Toleranz)

Umgangssprachlich ist damit heute häufig auch das Anerkennen von Gleichberechtigung gemeint. „Nachsichtig, großzügig und weitherzig" beschreiben das tolerante Verhalten, sowie eine zustimmende Haltung gegenüber einer anderen Person oder ihrem Verhalten recht gut.

Wenn wir also Toleranz von einer anderen Person erwarten, ist es notwendig zu wissen, dass wir auch TOLERANT sind. Ohne Toleranz kann niemals eine Partnerschaft bestehen, niemals eine gute Erziehung und vor allem wirklich nie ein Gespräch auf Augenhöhe stattfinden.

Gerade mit Krankheiten wie MS, mit Handicaps und Beeinträchtigungen, ist man manchmal abhängig von der Toleranz des Gegenübers. Wenn man uns nicht mit all unseren Beeinträchtigungen annimmt, wie wir sind, kann man von fehlender Toleranz ausgehen. Aber, das ist der Knackpunkt: wenn wir selbst gerne eine wertfreie Gesellschaft hätten, müssen wir dies auch praktizieren. Das heißt, auch wir müssen es wertfrei hinnehmen, wenn wir keine Toleranz spüren. Wir können unser Gegenüber darauf aufmerksam machen, wir können es ansprechen und versuchen zu erklären – im Endeffekt aber dürfen wir diese Person nicht verurteilen, weil sie vielleicht beispielsweis unsere unsichtbaren Symptome nicht wahrgenommen hat.

Chronisch Kranke haben oft sehr sensible Antennen. Manchmal auch zu sensible Antennen und sie reagieren schnell über. Diese Gratwanderung - mal wieder - hinzubekommen, ist nicht einfach. Weder für uns Betroffene, noch für unser Gegenüber. Hier ist gegenseitige Toleranz dringend von Nöten. Das ist nicht immer einfach, aber meiner Meinung nach eine Regel, die jeder beachten sollte. Ob behindert oder nicht behindert; ob weiß oder schwarz; ob hetero- oder homosexuell; ob dick oder dünn, groß oder klein; Frau oder Mann; ob Mensch oder Tier: wir haben alle das Recht auf Leben und Toleranz. Und auf Wertfreiheit.

Ausgenommen sind natürlich grobe Fehlverhalten, Verstöße oder kriminelle Handlungen: diese sind nicht zu tolerieren.

Aber so, wie Kinder im Kindergarten lediglich wahrnehmen, dass ein anderes Kind „anders" aussieht: es nimmt es wahr, vielleicht fragt es auch mal nach, aber es spielt einfach keine Rolle. Hunden beispielsweise ist es auch egal, ob der Spielkamerad kleiner oder größer ist. Er nimmt ihn als „Hund" wahr und der Größere würde (bei gesundem Sozialverhalten) automatisch etwas Rücksicht auf den Kleineren nehmen.

Was also veranlasst uns Menschen zu richten, zu urteilen und zu werten, anstatt Toleranz zu leben? Dies ist sicherlich eine sehr komplexe Angelegenheit, die wir hier nicht erörtern können, aber Fakt ist, dass sich jeder Mensch Toleranz von seinem Gegenüber wünscht.

Also üben wir uns einmal ganz praktisch im toleranten Verhalten, wenn wir bei unserer nächsten Begegnung (und sei sie im Supermarkt) spüren, dass wir beginnen, über eine Person zu urteilen.

So, wie man uns viele Symptome nicht ansieht und intolerante Menschen sie deshalb auch leider in Frage stellen, so tun wir sicherlich auch dem ein oder anderen Passanten unrecht. Und vielleicht auch demjenigen gegenüber, der sich uns gegenüber intolerant verhält ... Ich fange mal damit an, gehe hinaus in die Welt – Übungsfelder gibt es genug! ☺

*VERPASSTE GELEGENHEITEN

Zu diesem Thema gibt es viele Sprüche und weise Worte und ich merke, dass sie irgendwie immer haften bleiben.

Ich habe mir VOR der Diagnose meiner MS nie Gedanken darum gemacht, weil ich ein sehr ausgefülltes, zufriedenes und glückliches Leben hatte. Auch in der ersten Zeit MIT MS war dies alles noch kein Thema.

Es hielt erst Einzug, als meine Fatigue so heftig wurde und sich auch körperlich auswirkte und ich - selbst ohne Fatigue - körperlich nicht mehr so belastbar bin.

Langes Stehen, Laufen oder gar nur 2 Minuten Tanzen sind schon rekordverdächtig. Und jede ÜBER-Anstrengung rächt sich am nächsten Tag und mit viel Pech auch noch eine ganze Woche lang. So betrachtet macht dieser Spruch wieder anders Sinn.

Und ich reflektiere mein Leben.

Auf bessere Gelegenheiten warte ich wohl nicht. Das ist sowieso relativ und müßig. Aber manchmal, so tief in meinem Herzen, warte ich auf „bessere Zeiten"!

Warte auf eine Zeit, in der ich eine Party OHNE Fatigue, ohne körperliche Grenzen und ohne Folgen genießen kann. So ausgelassen wie früher. Und ich merke, dass ich mittlerweile schon deutlich mehr auswähle, welche Gelegenheiten ich mir nicht entgehen lasse. Ich plane nämlich. Da mein Energie-Management stark genug sein muss, um eine Feier am Abend heil zu überstehen, muss ich mich schon im Vorfeld danach richten. Ich organisiere alles um dieses Event herum. In diesem Moment wird mir bewusst, dass ich sehr wohl auf eine „Gelegenheit" warte… Ich warte auf den richtigen Moment, eine solche Gelegenheit wahrzunehmen.

Ich habe diesen Ablauf so in mein Leben integriert, dass es mir manchmal gar nicht mehr auffällt und das ist prinzipiell auch gut so – das heißt nämlich, ich mich habe im psychologischen Sinne „angepasst", was ein großer und guter Schritt nach vorne ist.

Aber es gibt auch Augenblicke und Zeiten, in denen mir das VERPASSEN der gewünschten Gelegenheiten bewusst wird.

Fastnacht in Mainz ist so ein Thema. Noch vor 12 Jahren war ich ab dem Altweiber-Donnerstag ununterbrochen unterwegs und sogar noch donnerstags und freitags arbeiten. Das war alles kein Problem. Ich hatte die WAHL, ob ich an Veranstaltungen teilnehmen kann oder nicht. Das ist der Unterschied zu heute: ich habe keine Wahl mehr, weil ich es schlicht und ergreifend kaum schaffen würde, nur **einen** lauten chaotischen, vollen und wuseligen Tag auf der Straßenfastnacht und im „Ballsaal" zu verbringen.

Vorbei sind für mich das närrische Treiben und die energetische Stimmung während dieser Tage. Ich vermisse nicht so sehr Fastnacht und das Treiben – das hatte wohl seine Zeit bei mir... Aber ich vermisse es, die **WAHL** zu haben, eine GELEGENHEIT wahrnehmen zu *können*.

Aber ich warte nicht – nein. Ich fülle mein Leben nun anders. Und es ist glücklich und zufrieden gefüllt. Anders halt.

Hallo MS, HELAU MS und Hallo Gelegenheiten!

*VERTRAUEN

Das Wort Vertrauen geht unter anderem auf das gotische Wort „trauan" zurück. Das Wort „trauen" gehört zu der Wortgruppe um „treu" = „stark", „fest", „dick".

So haben wir auch unser Verständnis für dieses Wort in Erinnerung und wir denken direkt an Freundschaften und Beziehungen, in denen man „ganz dicke" ist. „Dicke sein" bedeutet ein festes und stabiles Band, das die jeweiligen Partner verbindet.

Das Gegenteil des Vertrauens ist das Misstrauen: wenn man einer Person oder Sache nicht so richtig über den Weg trauen kann und sich nicht sicher ist. Unsicherheit ist also damit verbunden und das bringt uns wieder zur MS oder anderen unberechenbaren Krankheiten.

Beim Vertrauen sind wir überzeugt von einer Person oder Sache, überzeugt von der Richtigkeit, Glaubwürdigkeit und Wahrheit.

Menschen, die ein gutes und sicheres Selbst-Vertrauen haben, trauen sich auch schneller zu, die Menschen oder Dinge richtig einzuschätzen. Dazu gehört natürlich auch eine gehörige Portion Selbstwahrnehmung und Fremdwahrnehmung. Beides ist nicht so einfach, vor allem, wenn man als Kind keine Chance hatte, dieses zu lernen. Die MS kann ebenfalls ein Stück der Wahrnehmung nehmen - das ist mittlerweile genauso bekannt, wie sie uns auch kognitive Störungen in

Form von Erinnerungslücken/Verlust und Konzentrationsmangel beschert.

Menschen mit MS und den jeweiligen Läsionen oder gestörten Leitungs-Systemen kann es passieren, dass sie Andere nicht mehr so klar wahrnehmen. Das ist natürlich abhängig davon, wie viel man vor der MS überhaupt wahrnehmen und an sich ranlassen konnte und wie geschult oder talentiert man diesbezüglich ist. Wenn es vorher schon Probleme gab und nun noch eine schleichende Form der MS oder bestimmte Läsionen das Ganze beschleunigen, kann es tatsächlich zur verzögerten Wahrnehmung oder gar zur NICHT"-Wahrnehmung kommen.

Manche Personen merken das gar nicht und empfinden sich sogar noch als besonders tolerant, weil sie ja „niemals jemanden verurteilen" oder in eine „Schublade" stecken möchten. Sie merken es aber dann ganz deutlich, dass sie nicht tolerant, sondern unbesonnen waren, wenn die ersten Schwierigkeiten mit jener Person auftreten, oder sie sich von ihr „belästigt" fühlen, weil sie sich nicht adäquat abgrenzen konnten. Aus dieser Nummer dann wieder heraus zu kommen, ist gerade für solche Personen nicht einfach, denn dann brauchen sie ja wiederum die richtige Einschätzung und Wahrnehmung dieser dann neuen Situation.

„Vertrauen ist gut, Kontrolle ist besser", sagt ein altes Sprichwort und das hat sich mit Sicherheit auch schon als richtig bewährt.

Glücklich können sich jene Personen schätzen, die vertrauensvolle und liebe Menschen an ihrer Seite haben, die sie sanft, aber nachdrücklich darauf hinweisen, dass sie eventuell etwas nicht richtig wahrgenommen haben.

Wer sich einer Sache sehr sicher sein kann, muss gar nicht erst nicht vertrauen. Vertrauen ist aber auch mehr als nur der Glaube, die Annahme oder Hoffnung, sondern es braucht immer eine Grundlage, die sog. „Vertrauensgrundlage".

Dies können gelebte Erfahrungen sein, oder aber auch das entgegengebrachte Vertrauen der Person, der man selbst vertraut. Vertrauen kann also etwas Wundervolles sein und Geborgenheit und Freiheit gleichzeitig vermitteln. Das sogenannte „Gottvertrauen" ist nur so lange lustig, wie es nicht ausgenutzt wird.

Wenn man vertraut, macht man sich selbst auch verletzlich und angreifbar. Dies ist der Haken bei der ganzen Sache. Denn je mehr man jemandem vertraut, desto mehr vertraut man ihm auch an. Man erzählt Dinge von sich, die vielleicht sonst keiner kennt, Geheimnisse, Affären und Vieles mehr!

Wehe dem, wenn solch eine Beziehung auseinanderbricht! Dann zeigt sich, was der einst Vertraute vom „absoluten Vertrauen" und dem Schweigen über die ihm anvertrauten Dinge hält. Hier spätestens offenbart sich der wahre Charakter dieser Person und viele von uns werden solch eine Situation schon erlebt haben. Sie ist äußerst schmerzhaft, auf vielen Ebenen.

Zurück zur MS: Die Gattung Mensch würde gerne vertrauen, denn wir sind schon mit dem sogenannten Urvertrauen im besten Fall (von der Mutter oder Bezugsperson auf den Säugling) geprägt worden und wer die Liebesbeziehung zu einem Partner kennt, der weiß, wie schön es ist, ganz und gar vertrauen und sich fallen lassen zu können.

MS nimmt uns viel von unserem so wichtigen und lebensnotwendigen Urvertrauen. Nun brauchen wir viel „Gottvertrauen", dass alles „gut wird"! Einem sehr authentischen und realistischen Menschen wie mir, ist es, wie sicher auch anderen Betroffenen, erst einmal sehr schwer gefallen, meiner MS über den Weg zu „trauen". Meinem eigenen Vertrauen, meiner Intuition nicht mehr haltlos vertrauen können und ausgeliefert zu sein an eine Krankheit, die sich wenig vertrauensvoll benahm. Da platzte die Realität in mein Leben und das Vertrauen schwand. Vertrauen in meinen Körper - und vor allem schwand das Vertrauen, mir selbst helfen zu können. Ich bin eine sehr handlungsorientierte Person – das geht mit MS nur noch bedingt, denn ich kann sie nicht direkt beeinflussen. Auf lange Sicht kann ich natürlich Vieles tun, um mich möglichst sinnvoll zu verhalten und zu hoffen, dass meine MS dies honoriert. Aber im Moment der Diagnosestellung geht das nicht.

Deshalb ist Vertrauen auch ganz eng gekoppelt mit „Angst", denn der Verlust des Vertrauens bedingt sich meistens über die Angst. Jeder hat eine eigene Erfahrung mit dem Thema Angst, vielleicht auch diesbezügliche Kindheitserfahrungen, die diese eher noch schüren. Wenn Vertrauen fehlt oder wegfällt, macht sich gerne die Angst breit und mit dieser sind wir MS`ler häufig konfrontiert worden!

Allerdings ist die Angst, die in uns hochkriecht, auch eine Chance, neues Vertrauen zu fassen. Denn in unseren dunkelsten Stunden, wenn wir tief bei uns selbst ankommen und dann doch einen Weg hinausfinden, haben wir schon einen Schritt in Richtung Vertrauen getan, weil wir vorwärts und weiter gegangen sind, weil wir wieder aufgestanden sind.

Wenn wir unseren Ängsten begegnen, sie auch mal zulassen, aber sinnvolle Strategien entwickeln, sie wieder loszulassen, dann können wir auch wieder Vertrauen fassen. Auch MIT MS! Und das ist wichtig für uns und deshalb sinniere ich über diese Dinge. Das Wissen um solche Umstände hilft uns heraus aus der Spirale Angst und hinein ins Vertrauen. Das wünsche ich Euch!

*WIE DIE ANDEREN SEIN (WOLLEN)?)

Es ist ein Phänomen auf dieser Welt, dass man als Kind schon so sein möchte, wie „der" Andere. Man will nicht aus der Rolle fallen, nicht aus der Norm und manch einer wird ein angepasster Mensch.

Anders sein bedeutet nämlich immer auch aufzufallen. Auffallen bedeutet wiederum, dass man dies aushalten können und mögen muss.

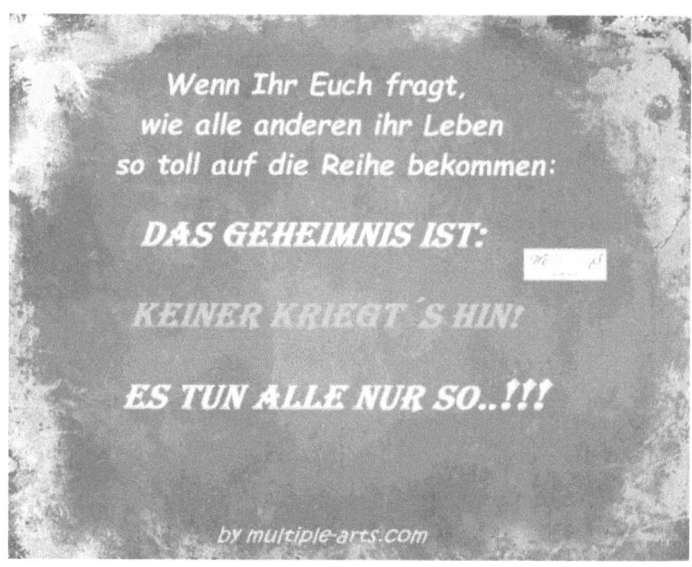

Im Kleinkindalter bekommt man ja eine im besten Falle sinnvoll angepasste Erziehung, was auch notwendig ist, um in der Welt bestehen zu können, die ja nun mal sehr von Normen geprägt ist. Glücklich darf sich ein Kind schätzen, wenn es klare Grenzen kennenlernt und sich innerhalb dieser Grenzen frei bewegen darf.

Grenzen sind wichtig, weil sie einen Rahmen schaffen und eine Struktur geben. Somit geben sie HALT und Geborgenheit und Loslassen/Fallenlassen noch dazu. Kinder, die nie Grenzen aufgezeigt bekommen, können auch sich selbst nur sehr schwer finden, weil sie einfach grenzenlos unauffindbar sind. Sich so zu entwickeln, dass man sich bei dieser sinnvollen Freiheit mit den gesteckten Grenzen selbstbewusst und autonom entwickelt, ist ein Geschenk. Davon wird man als Erwachsener noch lange profitieren.

Das erste Aufbegehren kommt - allerdings unwillkürlich - mit dem sogenannten Trotzalter. Hier ist dann schon viel Feingefühl der Erziehenden notwendig, um den Grad der Bevormundung, des sicheren Grenzen Setzens und den kleinen Freiheiten lassen, ganz dringend erforderlich.

In der Pubertät kommt dann das große Aufbegehren und kein Jugendlicher möchte auch nur ansatzweise so sein wie seine Eltern! Aber dieses Anderssein beschränkt sich manchmal eben nur auf die Eltern, bei anderen ist es extremer und sie wollen sich von der ganzen Welt distanzieren. Wie man als Erwachsener mit der nötigen Distanz, Freiheit und den von der Gesellschaft gesteckten Nomen umgeht, hängt auch von seiner Prägung ab.

MS lehrt uns so oder so, dass wir nicht der Norm entsprechen. Die NORM ist „soweit gesund" und „nicht gehandicapt" zu sein, oder gar körperlich auffallend. Je nach Kindheitsprägung und erlerntem oder angeborenem Selbstwertgefühl wird man also mit einem Handicap, das einen selbst, oder auch andere betrifft, umgehen können. Oder auch nicht. Die Wahl bleibt uns allerdings dann nicht, wenn wir selbst von einem Handicap betroffen sind. Und hier zeigen sich auch unsere erlernten Mechanismen, mit einer Andersartigkeit zu händeln.

Kindergartenkinder, die in ihrer Gruppe beeinträchtigte Kinder haben, zeigen uns, wie man es macht: nämlich wertfrei agieren. Das fehlt leider vielen Erwachsenen und gerade MS-Betroffene, denen man ihre Krankheit ansieht, haben dann unter dem Unvermögen ihres Gegenübers zu leiden. Die nicht sichtbaren Symptome sind genauso delikat, denn für sie braucht das Gegenüber sehr viel Feingespür.

Irgendwann im Laufe der Krankheit stellt man also unweigerlich fest, dass man nicht (mehr) der Norm entspricht. Viele Betroffene haben große Schwierigkeiten, dies anzuerkennen und sich damit abzufinden, oder gar Hilfe anzunehmen. Aufzufallen kann stark verunsichern und unschönen Blicken oder Kommentaren ausgesetzt zu sein, kann sehr verletzend sein. Humor ist hier das Schlüsselwort: Galgenhumor und das Lachen über sich selbst ist die beste Medizin und es sind die besten „Waffen" seinem Gegenüber die Hilflosigkeit, die Unsicherheit oder auch den Argwohn zu nehmen. Dass man sich so „normal" wie möglich verhalten soll, wenn man einem Gehandicapten gegenüber steht, halte ich für „fragwürdig": einerseits ist es gut, wenn man diese Beeinträchtigung nicht sofort bekräftigt, verstärkt oder gar thematisiert. Andererseits ist wenig mehr normal, wenn man im Rollstuhl sitzen muss: man ist nämlich oft auf Hilfe angewiesen. Sei es, eine Tür zu öffnen, an eine Ware im Regal heran zu kommen, eine Treppenstufe/Bordstein hinunter zu gelangen, sich zu duschen und so weiter!

Wenn man mich im Rollstuhl sitzend, was ja bei meinen Flugreisen der Fall ist, als „normal" ansehen würde, käme ich nie in einen Flieger hinein. Diese Gratwanderung also ist es, die das feine Maß ausmacht zwischen bevormunden, also übergriffig sein, und respektvollem Umgang.

Anders sind wir so oder so und am besten ist es, man gewöhnt sich daran und nimmt es SELBST wertfrei hin. Diese eigene unkomplizierte Umgehensweise macht es jedem Gegenüber einfacher, mit uns und unserem Handicap umzugehen. Offenheit, eine gewisse Lockerheit, Humor und eine Spur Sarkasmus helfen garantiert ein kleines Stück weiter und nehmen dem ANDERS - Sein ein wenig den Schrecken.

Nicht immer, aber einen Versuch ist es wert! ☺

Hallo MS; Hallo Anderssein und Hallo Welt!

*COPING

Das neue Schlagwort: Coping.
Coping bezeichnet im medizinischen Sinne das **Bewältigungsverhalten von Menschen mit chronischen Krankheiten und Behinderungen.**
Also passt es schon einmal zu uns MS`lern.
Aber was bedeutet es für uns????
Es bedeutet rein theoretisch, dass es unseren Umgang mit einer schweren und bedeutsamen Lebenssituation und Lebensphase beschreibt. Coping (aus dem Englischen „*to cope with*": *bewältigen, überwinden*): also gilt es wohl, unsere MS-Situation zu bewältigen. Sie zu *überwinden* dürfte ja leider nicht möglich sein.
Ziel eines jeden fachlich angeleiteten Copings (z.B. in der Psychotherapie) wäre es demnach, uns zu befähigen, zukünftig besser mit auftretenden Schwierigkeiten umgehen zu können und zwar so effektiv und nachhaltig, dass diese wiederum unser Gehirn adaptieren kann und sich dem nächsten auftretenden Problem mit größerer Zufriedenheit und sicher auch mit mehr Gelassenheit stellen kann. Dies würde dann theoretisch zu einer gestärkten Kompetenz führen.
Soweit die Theorie. Uns allen, die wir uns ständig mit unserer Krankheit, den Auswirkungen und den jeweils neuesten medizinischen Erkenntnissen darüber auseinander setzen, ist das Wort „Coping" schon einmal bewusst geworden. Zumindest können wir in diesem Moment aber sagen, dass wir gerade beim „copen" sind: mittendrin, denn während ich dies hier schreibe und Ihr es lest, copen wir bereits.
Für mich ist das Schreiben und Mitteilen und Helfen mein individuelles Coping, für einen anderen ist es das Lesen, das Mitfühlen und das vielleicht daraus resultierende Verständnis, oder gar Klarheit, die man für sich gewinnen kann. Und diese im besten Fall sogar weiter geben kann - an Angehörige oder andere Mitbetroffene.
Herrlich, wir copen also gerade gemeinsam. ☺
Daran sieht man, dass Theorie und Praxis manchmal näher beieinander liegen, als man denkt. ☺ Jeder, der sich mit seiner Krankheit beschäftigt und sie nicht verdrängt, setzt sich mehr oder weniger ja automatisch mit ihr auseinander.

Wir haben so viele Höhen und leider auch Tiefen zu bewältigen, dass jedes Nicht-Verdrängen und klares „Hingucken" schon eine Form von Coping ist. Denn in dem Moment, wo wir hingucken, anstatt wegzugucken, *„bewältigen"* wir ja schon. Und aus jeder Bewältigung, seien es Krisen oder Momentaufnahmen, schöpfen wir wieder Kraft und lernen somit aus unseren ziemlich zahllosen Reserven zu schöpfen.

Ich finde es manchmal nur so schwer, diese Rückschläge auszuhalten. Da hat man sich gerade an eine neue Beeinträchtigung gewöhnt und „coped" erfolgreich mit ihr, da kommt der nächste Schlag. Und wie immer kommt er ungefragt und macht sich nicht beliebt.

Wie viele Copings muss man durchlebt haben, um mal so „eben auf die Schnelle" die neue Situation adäquat zu bewältigen...?

Ich weiß, dass wir Ressourcen (lateinisch: *resurgere:* hervorquellen) aufbauen. Das ist auch gut so, denn aus ihnen können wir dann auch wieder schöpfen.

Aber manchmal braucht auch dies seine Zeit und es macht mich aggressiv, wenn ich lese, wie wichtig gutes Coping ist! Ja, das weiß ich auch. Und da ich jahrelange Psychotherapie-Erfahrung habe, weiß ich es auch ganz sicher und bin der gleichen Meinung. Aber wenn die MS so heftig zuschlägt, oder selbst ein altbekanntes Symptom, wie zum Beispiel meine Fatigue immer und immer wiederkehrt, ist das Copen manchmal sogar noch anstrengend (dazu).

Eine Ressource ist ein Mittel, „um eine Handlung zu tätigen, oder einen Vorgang ablaufen zu lassen". (*Wikipedia*)

Und je mehr Ressourcen wir in uns verwurzeln können, umso positiver wird die Verwendung und Handhabung dieser und hat dann auch positive Auswirkungen auf unsere MS und unser soziales Umfeld.

Aber immer auch besteht das Risiko der Überforderung: Überforderung an uns selbst, die zu einem Rückschlag führen kann und die Überforderung an unser Umfeld, die manchmal gar nicht so schnell copen können, wie wir das tun.

Also bleiben wir interessiert, selbstkritisch und versuchen, unsere MS einfach so gut wie möglich in unser Leben und das unserer engsten Angehörigen zu integrieren. Dann haben wir schon mehr als den ersten Schritt zum Coping getan, sind im Zentrum der Mitte und fähig, uns weiter zu entwickeln. Stressen wir uns nicht mit gut gemeinten Ratschlägen, wie „Du musst mal Coping lernen"; erklären wir diesen Rat-*Schlagenden*, dass wir schon mittendrin stecken in diesem immerwährenden Prozess, der uns auch einmal rückwärtsführen *darf*, weil die Rück-Schläge bei MS einfach unvermeidlich sind. Sind wir nicht zu streng mit uns, wir machen das doch prima. ☺

Wir mobilisieren immerhin tägliche - und oft nicht unerhebliche - Kräfte, um unseren Alltag zu meistern. Dieses Pensum würde manch Gesunder nicht schaffen. Und da WIR es schaffen, sind wir ja wieder mittendrin im Coping. ☺

Wir nehmen wahr: und zwar unsere MS und das, was sie mit uns macht und in dem wir darüber lesen und uns austauschen werden wir zu Coping-Experten. Und wenn wir Meister darin sind, vielleicht auch mit Hilfe von psychologischen Begleitern, dann warten wir einmal ab: es wird die Zeit kommen und dann erschlagen wir Andere mit unseren Coping-Tipps für ihr meist sehr alltägliches Leben. ☺

Außerdem erinnert dies alles uns daran, dass Coping wie das Leben selbst ein langer - wenn auch nicht immer ruhiger - Fluss ist; wer ausgelernt hat, ist nicht fertig, nicht perfekt, nicht weise, sondern auf die eine oder andere Weise - tot.

Hallo MS! Hallo Chancen! „Let`s cope together" ☺

*RESILIENZ

Ich bin bei Recherchen über dieses Wort gestolpert, da es mir eher aus der Zeit meiner sozialpädagogischen Ausbildung ein Begriff war. Aber dieses Wort *Resilienz* beinhaltet so viel, hat so viel mit unserer (und jeden chronischen schweren) Krankheit zu tun, dass ich es wichtig fand, einmal genauer hinzuschauen.

Von lat. *resilire* ‚zurückspringen‘ ‚abprallen‘, deutsch etwa *Widerstandsfähigkeit*.

- ✓ **Resilienz ist die Fähigkeit, Krisen durch Rückgriff auf persönliche und sozial vermittelte Ressourcen zu meistern und als Anlass für Entwicklungen zu nutzen.** (Wikipedia.de)

Und genau das tun wir doch mit der Bewältigung einer schweren Krankheit: Krisen meistern. Ich halte es für enorm wichtig, dass wir uns immer und immer wieder sagen, dass wir stark sind. Ich glaube, wir vergessen das so leicht, weil wir mittendrin stecken im Dilemma, dem Krankheits-Prozess und - glücklicher Weise - manchmal gar nicht mehr die Dramatik wahrnehmen.

Mir wird das oft auch dann bewusst, wenn mir beispielsweise eine liebe Freundin sagt, dass sie bewundere, wie stark ich sei. Ich empfinde das schon gar nicht mehr so. Erstens bin ich so erzogen worden, dass man solche „Gegebenheiten" hinnehmen muss und zweitens bin ich schon so an all die Beeinträchtigungen in meinem Leben gewöhnt (auch zum Glück!!!), so dass sie mir im Alltag schon als *normal* erscheinen. Beim genauen Betrachten stelle ich natürlich fest, wie schwerwiegend manche MS-bedingte Veränderungen meinen Alltag bestimmen. Und oft genug bringe ich ja auch zum Ausdruck, dass mir das weh tut und mich sehr traurig macht.

Aber über all die Trauer und Verzweiflung dürfen wir nicht vergessen, dass wir stark sind: wir sind so stark, dass wir die MS tragen. Sicherlich nicht gerne, aber wir tragen sie und gestalten unser Leben entsprechend. Das heißt, wir **sind** fähig, diese andauernde Krise in unserem Leben zu meistern. Mal besser, mal schlechter ...

Und je mehr wir reflektieren, umso eher nutzen wir auch die daraus wachsende Chance auf Entwicklung; nämlich noch besser „copen"! Wenn wir es schaffen, nicht an der MS zu zerbrechen, sind wir resilient. Gut, oder?! ☺

Trotz „erschwerter Umstände" sind wir in der Lage, unser Leben in den Griff zu bekommen: das ist Resilienz. Und die Wissenschaft hat festgestellt, dass es nicht nur unter schweren Bedingungen von Vorteil ist, Resilienz zu besitzen, sondern dass es auch im normalen Alltag an Bedeutung gewinnt, da man dann immer häufiger in angemessener Weise mit besonderen Situationen umgehen und so seine psychische Gesundheit stabiler erhalten kann.

Außerdem erlangen wir durch das Verinnerlichen einer guten Resilienz auch eine widerstandsfähigere Selbstbestimmtheit, die gerade uns MS`lern schnell mal abhandenkommt, da wir ja ganz oft das Gefühl haben, auf Andere angewiesen, oder gar abhängig zu sein.

✓ **Wenn also mit Resilienz die Stärke eines Menschen beschrieben wird, der es schafft, zum Beispiel eine schwere Krankheit und Behinderung zu durchstehen, dann sind wir (wenn wir nicht von Anfang an aufgegeben haben), mitten drin in der Resilienz und können stolz darauf sein.**

Wir lernen ja auch im Laufe unserer MS-Karriere immer mehr, unseren Möglichkeiten zu vertrauen, oder zumindest, sie zu nutzen. Wir lernen unsere Fähigkeiten immer wieder aufs Neue kennen und lernen vor allem, sie effektiv auszuloten und anzupassen. Die Zeiten, nur auf „Glück und Zufall" hoffen, sind vorbei, sondern wir müssen uns ein realistisches Bild vom IST-Zustand machen.

Durch diese resiliente Prüfung werden wir belastbarer, weil wir uns kein „X für ein U" vormachen und im Endeffekt stärkt dies unser Selbstvertrauen. Allerdings sind wohl auch hierbei die äußerlichen Faktoren, wie ein gut funktionierendes soziales Umfeld sicher sehr von Vorteil.

Ohne ernstgemeinte Zuneigung, Hilfe, Anerkennung und Mut zusprechenden Angehörigen, ist es sicherlich um ein Vielfaches schwerer, eine gute Resilienz zu entwickeln und zu erlangen.

Ich finde, dass es sich lohnt, über diesen Begriff *Resilienz* in Ruhe nachzudenken und ihn anzunehmen. Ich merke im Laufe meiner vielen MS-Krankheitsjahre immer mehr, dass es besonders wichtig ist, sich selbst „helfen" zu können - mit sich selbst ins Reine zu kommen. Mir helfen dann solche Begriffe, da ich dadurch Zugang zum selbstkritischen Betrachten bekomme und einmal Bilanz ziehen kann. Außerdem ist es schön, immer noch lernfähig zu sein, mein geschundenes MS-Gehirn zu fordern und zu fördern und es nicht ruhen zu lassen. Leben ist Bewegung, im Fluss bleiben - dazu gehört für mich auch immer wieder zwischendurch eine Realitätsprüfung. ☺

Hallo MS! Hallo Stärke! Hallo Resilienz! Wir kommen! (PS: dies ist einer der vielen Texte, die im Buch „Hallo MS" zusammengefasst sind.)

*STRESS

Stress ist, ohne es erst einmal bewerten zu wollen, auch so eine Art Mode-Wort.

Wie oft sagt man, dass man einfach zu „gestresst" ist?! Ich sage es sehr oft und versuche in letzter Zeit, die Ursache meines Stresses ausfindig zu machen. Denn seit ich nun schon einige Zeit frühverrentet bin, kann ich zumindest den Berufsstress ausschließen.

Das Wort Stress (lat. *stringere*: „anspannen") bezeichnet „zum einen durch spezifische äußere Reize hervorgerufene psychische und physische Reaktionen bei Lebewesen, die zur Bewältigung besonderer Anforderungen befähigen, und zum anderen die dadurch entstehende körperliche und geistige Belastung." (Wikipedia)

Und was wir auch wissen, ist, dass eine Stresssituation ein *subjektiver* Zustand ist. Sie tritt dann auf, wenn man sich nicht mehr in der Lage fühlt, die momentane Situation zu bewältigen.

Stress kann von außen auf uns einwirken in Form von Kälte und *Wärme*, oder Lärm, aber auch durch psychische Belastungen (Erwartungshaltungen, Einstellung). Besonders Ängste und Sorgen belasten uns auf der emotionalen Ebene. Und hier sind wir schon, unabhängig von anderen Faktoren, bei unserer MS: sie erfüllt so ziemlich alle Stressfaktoren. Und löst noch mehr aus.

Die Diagnosestellung „MS", das kleine Wort mit 2 Buchstaben: es stellt unser Leben von einem auf den anderen Tag auf den Kopf und bei wem würde diese Diagnose keinen Stress auslösen? Sorgen, Ängste und Hilfslosigkeit stürmen auf uns ein, brechen sich ihren Weg in unser Leben und spannen unsere Stressfaktoren auf die Folter. Ja, sie foltern uns.

Das Zweite sind diese äußeren Faktoren und Reize, wie zum Beispiel die Wärme. Meine MS zeigt sich von ihrer schlechtesten Seite, wenn ich zu viel Hitze ausgesetzt bin.

Stress.

Stress war ja ursprünglich einmal zu unserer Rettung gedacht: ein Gefahrenmelder in der Wildnis! Ohne diese eindeutigen Signale hätte unser Vorfahre nicht überleben können.

Das Unangenehme ist nur, dass sich MS und Stress so überhaupt nicht miteinander vertragen und auch ganz schlecht kombinieren lassen.

Dieses Signal „Stress" im Gehirn löst ja bekanntlich die Ausschüttung von Adrenalin aus, das uns in erhöhte „Kampfbereitschaft" versetzt. Zugegeben, diese brauchen wir auch bei der **Bewältigung** unserer MS, aber ob dafür ein dauerhafter Adrenalinstoß gut ist???? Denn dies löst ja wiederum eine vegetative Wirkungskette aus, unter anderem beispielsweise auch einen erhöhten Muskeltonus. Und dieser erhöhte Muskeltonus macht mir auch ohne dass eine besondere Stresssituation vorhanden wäre, schon zu schaffen. Dafür brauche ich das Signal „Stress" nicht wirklich.

Würde das Adrenalin, so stelle ich es mir laienhaft vor, doch nur einmal gegen meine Fatigue sinnvoll ankämpfen und nicht gegen das hierzulande nicht mehr zu erwartende Raubtier, das mir das Essen aus meinem wohl gepflegten Kühlschrank entwendet und nebenbei noch ein kleines Kind verspeist. Nein, ich würde mir andere Wirkungen der Stresssensoren wünschen: mehr allgemeine Aufmerksamkeit und kognitive Leistung, keine abnorme Müdigkeit mehr, mehr Energie, weniger Schmerzen, einen relaxten Muskeltonus und überhaupt weniger Verkrampfungen und Vieles Vieles mehr.

Was mich in der Statistik der „*Wikipedia*" verwundert hat, ist die nummerische Abfolge eines Stressgefühls bei einer schweren Krankheit: diese steht an 6. Stelle, direkt vor Heirat! Grotesk!

https://de.wikipedia.org/wiki/Stressor

Rang	Ereignis	Stresswert
1	Tod des Ehepartners	100
2	Scheidung	73
3	Scheidung vom Ehepartner	65
4	Haftstrafe	63
5	Tod eines Familienangehörigen	63
6	Eigene Verletzung oder Krankheit	53
7	Heirat	50
8	Verlust des Arbeitsplatzes	47
9	Aussöhnung mit dem Ehepartner	45
10	Pensionierung	45

Vielleicht zeigt es aber auch einfach, dass „Stress empfinden" tatsächlich sehr relativ ist. Auch wenn wir wissen, dass man ja zwischen Disstress und Eustress unterscheidet. Das Wort „Stress-Vermeidung" ist ja auch so ein gängiger „Renner" unter vor allem all denjenigen, die völlig gehetzt durchs Leben rasen.

Manchmal denke ich, dass uns unsere MS ziemlich ausgebremst hat, was ja nun wirklich nicht schön ist. Aber, so habe ich für mich festgestellt, durch zum Beispiel meine erzwungenen vielen Ruhepausen, komme ich auch *tatsächlich* zur Ruhe - raus aus der Beschleunigung, rein in die Entschleunigung. Ohne MS hätte ich mein zwar sehr ausgefülltes, aber doch recht gehetztes Leben weiter gerast. Allerdings hat es bei mir auch viele Jahre gedauert, bis ich in den erzwungenen Ruhephasen auch wirklich zur RUHE kommen konnte.

Das Ziel wäre, aus den Ressourcen schöpften, Erlerntes anzuwenden und eine gewisse Gelassenheit zu entwickeln. Gelassenheit dem sozialen Umfeld, als auch dem ach so geliebten „Haushalt" gegenüber. Mal etwas liegen lassen, nicht gleich losstürmen (!) und aufräumen oder putzen. Und auch nicht immer für jeden direkt „bei Fuß" zu stehen, sondern erst mal die eigenen Kraftquellen anzapfen und ausschöpfen, um dann auch wieder die Kraft zu haben, anderen zu helfen. Nachhaltig. Das nennt man dann Stressbewältigung und Coping. ☺

Um das Coping noch zu optimieren, hinterfrage ich nun oft meinen gefühlten Stress. Manchmal merke ich, dass ich auch einfach nur „genervt" bin. Wobei auch das natürlich Stress auslösen kann. ☺

Aber wäre es nicht langweilig, wenn wir so gar keinen Stress hätten? Keine Aufregungen? Aber so ist das LEBEN nicht; wir werden nicht gefragt, aber wir können lernen, das Beste daraus zu machen. ☺

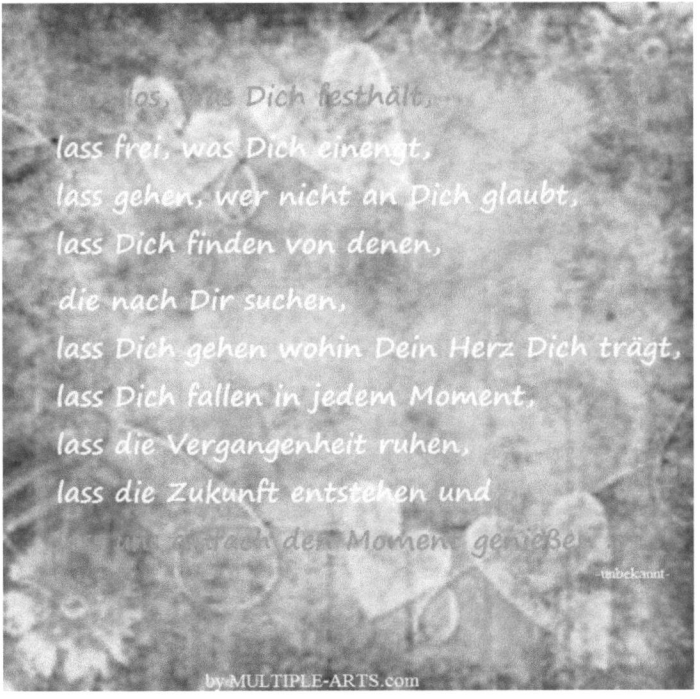

*SEELEN-VAMPIR

Kennt Ihr auch solche Menschen, die Euch aussaugen? Die Energie entziehen und man nur hilflos mit zusehen kann, wie es gerade geschieht? Und man schafft es einfach nicht einzugreifen? Schrecklich! Bei uns MS`lern glaube ich manchmal, dass Andere denken, wir würden sie mit ihrem Problem besonders gut verstehen, weil wir ja schon „so viel mitgemacht" haben. Das stimmt wohl und ich weiß auch in meinem Fall, dass es mir als (gesundes) Kind und Jugendliche schon so ging, dass man mir gerne etwas anvertraut hat. Aber anvertrauen und reden; das ist etwas anderes als aussaugen.

Vielleicht lohnt es sich ja nicht, mein Blut auszusaugen: nein, es lohnt sich ganz sicher nicht. Denn selbst meine Organe möchte ja nach meinem Tod niemand mehr eingepflanzt bekommen, weil sie nicht rein sind. Verseucht von Medikamenten, zersetzt von Entzündungsherden: unbrauchbar! Wenn also mein Körper an sich nicht zum Aussaugen herhalten kann, dann nehme man die Seele, die Energie … Halt, STOPP: das WILL ICH NICHT!

Und doch passiert es immer mal wieder.

Und das Verrückte ist, dass ich es manchmal, in diesen vampirischen Momenten, noch nicht einmal merke und mich dann wundere, warum so extrem erschöpft bin - beispielsweise nach einem solchen aussaugenden Telefonat … Oder warum mich das Gespräch mit der Nachbarin so ausgelaugt hat.

Beim kritischen Hinschauen und Hinterfragen kommt es dann an die Oberfläche gekrochen: das letzte bisschen Seele und Energie, das noch fähig zum Kriechen ist … vermodert erscheint es mir in diesen Momenten und missbraucht.

Um keine Missverständnisse aufkommen zu lassen: ich bin eine begeisterte Zuhörerin, eine aktive Zuhörerin, wie man so schön sagt: ich höre zu, nehme auf und vor allem wahr. Es ist sicher auch eine Passion. Ich liebe gute Gespräche. Aber, und das ist der Unterschied: Vampir-Aktionen sind KEINE Gespräche: kein Austausch, keine Geben und Nehmen, keine Kommunikation (***Kommunikation** (lateinisch *communicare* „mitteilen") ist der Austausch oder die Übertragung von Informationen/ https://de.wikipedia.org/wiki/Kommunikation).

Also steht fest: Aussaugen ist nicht kommunizieren. ☺

Seelen-Vampire sind Menschen, denen ihr Gegenüber nicht wichtig ist, die einfach nur jemanden brauchen, der ihnen zuhört, möglichst noch zustimmt und die keine Rücksicht auf den Zustand oder die Verfassung ihres Opfers nehmen. Ja, Opfer. Denn wenn eine „Unterhaltung" nur einseitig ist, gibt es automatisch ein Opfer. ☺

Ich glaube, solche Situationen sind für mich so besonders schwer auszuhalten, oder im Nachhinein die Folgen (Erschöpfung) zu ertragen, weil ich ja durch meine MS sowieso geschwächt bin. Und zwar körperlich UND energetisch! Wenn dann jemand nur seinen Müll bei mir ablädt, belastet er mich im wahrsten Sinn des Wortes damit und ich fühle mich nicht nur be-lastet: ich bin es dann auch: durch den übergestülpten Ballast werden meine Beine schwer und taub und es kann passieren, dass mir direkt eine Fatigue-Attacke droht. Das heißt dann ja auch, dass meine MS-Symptome wieder hervorkommen. All das kann so ein be-lastet werden mit sich bringen.

Ohne MS würde mich solch ein Verhalten sicher auch erschöpfen, aber anders, nicht so fundamental und völlig aus den „Angeln heben"! Was heißt das also für mich? Ich muss noch achtsamer mit mir umgehen und lernen, besser für mich zu sorgen und vor allem mich abzugrenzen. Liebevoll, aber klar und deutlich. Nur, weil ich MS habe und gut zuhören kann, bin ich kein vermeintliches Opfer für einen Seelen-Vampir! Meine Seele möchte auch gut behandelt werden und da sie sowieso schon sehr unter den Umständen der MS leidet, werde ich von nun an aufpassen, mehr auf diese zarte Seelenpflanze zu achten. Es ist nämlich meine und ich habe nur die eine. ☺

Hallo MS!

*WORK-LIFE-BALANCE

„Der Begriff Work-Life-Balance steht für einen Zustand, in dem Arbeits- und Privatleben miteinander in Einklang stehen. Die Begriffsbildung *Work-Life-Balance* stammt aus dem Englischen: Arbeit (*work*), Leben (*life*), Gleichgewicht (*balance*)." (https://de.wikipedia.org/wiki/Work-Life-Balance)

Ein interessanter Begriff, der mich zu Zeiten einer vollen Erwerbsfähigkeit mit Sicherheit gefesselt und angeregt hätte. Wer möchte nicht eine Balance, ein Gleichgewicht in seinem Leben herstellen. Wenn man es als Gesunder schafft, eine Verhältnismäßigkeit zwischen Arbeit und Freizeit zu schaffen, ist man schon recht effektiv. Oder wenn man lernt, Prioritäten zu setzen und sich zeitlich effizient einzuteilen.

Gleichgewicht, Verhältnismäßigkeit - das sind Begriffe, die mir auch sofort zur MS einfallen: nichts steht mehr ab der Diagnosestellung im Gleichgewicht und die Verhältnismäßigkeit verschiebt sich drastisch.

Im Zusammenhang mit der Verwendung des Begriffs *Work-Life-Balance*, verstanden als verschiedene Lebensbereiche, die im Gleichgewicht gehalten werden sollen, sich gegenseitig möglichst nicht behindern und sich idealerweise gegenseitig unterstützen sollten, ist die MS nicht *verhältnismäßig vergleichbar*.

Und eine „Aufrechterhaltung des Gleichgewichts" grenzt bei MS schon an ein Wunder. Wenn man die *Work-Life-Balance* auch als das Ausbleiben von ein - oder gegenseitigen negativen Beeinflussungen zwischen den Lebensbereichen versteht, oder davon ausgeht, dass positive wechselseitige Beeinflussungen die Balance herstellen und halten können, stellt dies unsere Beeinträchtigungen und unser Leben mit der MS noch mehr in Frage zur „Verhältnismäßigkeit" und dem Gleichgewicht.

Im normalen (gesunden) Leben spielt die individuelle Persönlichkeit dabei sicher eine große Rolle: wie reflektiert bin ich, über welche Ressourcen verfüge ich und kann ich sie auch anwenden?

Dies spielt im MS-Leben ebenfalls eine große Rolle, denn ohne unsere Ressourcen und neu erlernte Techniken sowie Verhaltensweisen und den daraus resultierenden Handlungsabläufen, würden wir es noch schwerer haben, einen guten Umgang mit unserer MS zu pflegen.

Aber das ist erst einmal Theorie, denn *tatsächlich* müssen wir uns unserem täglichen Kampf mit der MS stellen, müssen es schon beim Aufstehen im wahrsten Sinn des Wortes schaffen, das Gleichgewicht zu halten und zu wahren. *Verhältnismäßigkeit*; sie kommt erst im Laufe des Tages. Weil es jeden Tag eine andere und neue Verhältnismäßigkeit zu erleben gilt.

Ja, so ist das mit der *Work-Life-Balance* bei uns MS`lern: „work"/arbeiten ist sowieso je nach Beeinträchtigung ein Thema für sich; Balance ist eines der schwierigsten Dinge im MS-Leben.

Aber wir schaffen es jeden Tag aufs Neue und sind *verhältnismäßig* GUT in unserem Bestreben nach mehr Balance! Nein, nicht *verhältnismäßig* GUT, wir SIND GUT, denn wir balancieren unser Leben und sind wahre Meister darin! Hallo MS! Hallo Leben! Hallo Balance!

*LOSLASSEN

Loszulassen heißt nicht, dass man vergisst, nicht mehr nachdenkt, oder gar etwas ignoriert.
LOSLASSEN hinterlässt keine unguten Gefühle, wie Ärger, Neid, Reue oder Eifersucht.
Loslassen bedeutet weder GEWINNEN, noch VERLIEREN.
Es hat nichts mit Stolz zu tun, oder wie Du erscheinst...
Es hat auch nichts damit zu tun, dass man besessen von der Vergangenheit wäre, oder ihr nachhängen würde.
Loslassen bedeutet nicht, Erinnerungen zu blockieren oder traurigen Gedanken nach zu hängen.
Loslassen hinterlässt keine LEERE, keinen Schmerz oder Traurigkeit.
Es bedeutet weder aufgeben, noch einlassen.
Loslassen ist kein Verlust und keine Niederlage.
Loslassen bedeutet, Erinnerungen zu pflegen, sie gegebenenfalls zu überwinden und weiter zu leben. Es bedeutet, eine offene Geisteshaltung zu haben und mit Vertrauen in die Zukunft zu blicken.

Loslassen ist AKZEPTIEREN.

Es ist das Lernen, Erfahrungen zu sammeln und daran zu wachsen.
Los zu lassen ist Dankbarkeit für all die Erfahrungen, die Dich zum Lachen und Weinen brachten und Dich wachsen ließen.
Es ist all das, was Du hattest, was Du hast und haben wirst.
Loslassen ist der MUT, den Wandel zu akzeptieren und die STÄRKE, um weiter fortzuschreiten.
Loslassen ist WACHSEN.
Und es ist das Bewusstsein, dass das Herz manchmal das größte Heilmittel sein kann.
Los zu lassen, ist wie eine Tür zu öffnen, den eigenen Weg ganz klar vor Dir zu sehen und Dir somit Deine individuelle FREIHEIT zu schenken.
Lasse LOS, akzeptiere und erreiche inneren Frieden.

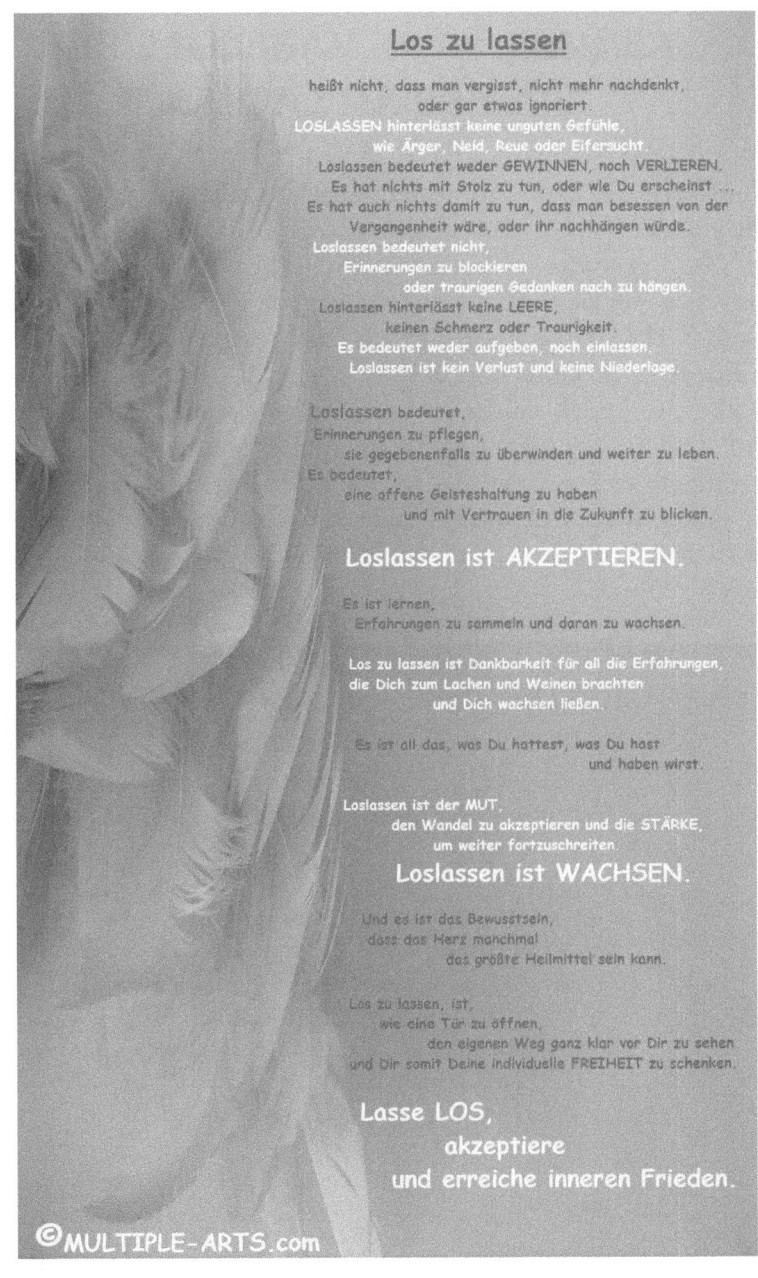

Los zu lassen

heißt nicht, dass man vergisst, nicht mehr nachdenkt,
oder gar etwas ignoriert.
LOSLASSEN hinterlässt keine unguten Gefühle,
wie Ärger, Neid, Reue oder Eifersucht.
Loslassen bedeutet weder GEWINNEN, noch VERLIEREN.
Es hat nichts mit Stolz zu tun, oder wie Du erscheinst ...
Es hat auch nichts damit zu tun, dass man besessen von der
Vergangenheit wäre, oder ihr nachhängen würde.
Loslassen bedeutet nicht,
Erinnerungen zu blockieren
oder traurigen Gedanken nach zu hängen.
Loslassen hinterlässt keine LEERE,
keinen Schmerz oder Traurigkeit.
Es bedeutet weder aufgeben, noch einlassen.
Loslassen ist kein Verlust und keine Niederlage.

Loslassen bedeutet,
Erinnerungen zu pflegen,
sie gegebenenfalls zu überwinden und weiter zu leben.
Es bedeutet,
eine offene Geisteshaltung zu haben
und mit Vertrauen in die Zukunft zu blicken.

Loslassen ist AKZEPTIEREN.

Es ist lernen,
Erfahrungen zu sammeln und daran zu wachsen.

Los zu lassen ist Dankbarkeit für all die Erfahrungen,
die Dich zum Lachen und Weinen brachten
und Dich wachsen ließen.

Es ist all das, was Du hattest, was Du hast
und haben wirst.

Loslassen ist der MUT,
den Wandel zu akzeptieren und die STÄRKE,
um weiter fortzuschreiten.

Loslassen ist WACHSEN.

Und es ist das Bewusstsein,
dass das Herz manchmal
das größte Heilmittel sein kann.

Los zu lassen, ist,
wie eine Tür zu öffnen,
den eigenen Weg ganz klar vor Dir zu sehen
und Dir somit Deine individuelle FREIHEIT zu schenken.

Lasse LOS,
akzeptiere
und erreiche inneren Frieden.

©MULTIPLE-ARTS.com

*„IMMER, WENN MAN DICH SIEHT, BIST DU AM LACHEN!"

Kennt Ihr den Satz? Ich höre ihn oft und frage mich manchmal, ob er gut gemeint ist (so, dass sich derjenige MIT mir freut), oder ob er durch Neid gespickt ist (so nach dem Motto: „wieso lacht sie, oder strahlt sie, wenn sie doch angeblich so krank ist?!").

Egal: ICH LACHE GERNE, ich habe festgestellt, dass mir Lachen im Alltag hilft! So einfach ist das!

UND: *wenn* mich Andere sehen, bin ich ja auch gerade nicht Zuhause, sondern auswärts (oder habe Besuch) und das bedeutet ganz klar: mir geht es gerade gut, oder zumindest so gut, dass ich überhaupt „raus" kann. Also sind sowohl mein körperlicher, wie auch mein seelischer Zustand gerade so, dass es durchaus vorkommen kann, dass ich lache. ☺

Wie oft bin ich traurig und weine sogar ... Leide an Depressionen, habe Ängste und Sorgen.

Der Unterschied ist jener, dass ich nicht unbedingt vor die Tür gehe, wenn ich gerade einen Weinkrampf habe ... Oder???!!!

Soll ich die Neider meines Lachens einmal einladen, wenn ich gerade ganz unten bin? Dann vergeht *ihnen* das Lachen...!

Nein: ich lache gerne, Lachen macht erwiesener Maßen glücklich; positive Ausstrahlung erst recht. Krank bin ich von alleine, gehandicapt ebenso: was bleibt mir an Wahl: eine Dauer-Traurigkeit und Dauer-Verzweifeln, oder positives Denken, bei dem ich dann auch wieder strahlen und lachen kann.

Ich bin fest davon überzeugt, dass positives Denken den Krankheitsverlauf auch positiv beeinflusst. Auf jeden Fall nutzt es nichts, wenn ich NICHT mal ab und zu lache.

Also lache ich! Freut Euch darüber, wenn Ihr mich das nächste Mal trefft. ☺

KAPITEL 7
Impressionen

ENERGIE-Bilder

Schauen Sie sich in Ruhe diese Bilder an und lassen Sie sie auf sich einwirken.

Erschrecken Sie nicht, wenn Emotionen hochkommen... Werten Sie nicht... Lassen Sie geschehen und genießen Sie....

Energiebilder werden intuitiv gemalt, strömen Kraft aus und sind eine Liebeserklärung an die Schönheit unseres Lebens.

Der Anblick von Formen und Farben soll unsere Sinne und Gefühle positiv bewegen. Meist entstehen ein gutes Gefühl, positive Stimmung, gute Laune, Lebenskraft und Lebensfreude.

KAPITEL 8
Zitate

Der Sprung in der Schüssel

Es war einmal eine alte chinesische Frau, die zwei große Schüsseln besaß. Diese hingen an den Enden einer Stange, die sie über ihren Schultern trug. Eine der Schüsseln hatte einen Sprung, während die andere makellos war.

Am Ende der langen Wanderung vom Fluss, wo sie die Schüsseln mit Wasser füllte, bis hin zum Haus der alten Frau, enthielt die eine Schüssel stets die volle Portion Wasser, die andere war jedoch immer nur noch halb voll. Zwei Jahre lang geschah dies täglich. Die alte Frau brachte nur anderthalb Schüsseln Wasser mit nach Hause. Die makellose Schüssel war natürlich sehr stolz auf ihre Leistung. Die arme Schüssel mit dem Sprung schämte sich aber wegen ihres Makels und war betrübt, dass sie nur die Hälfte dessen verrichten konnte wofür sie gemacht worden war.

Nach zwei Jahren, die ihr wie ein endloses Versagen vorkamen, sprach die Schüssel zu der Frau: „Ich schäme mich so wegen meines Sprungs, aus dem den ganzen Weg zu Deinem Haus immer Wasser hinaus läuft."

Die alte Frau lächelte: „Ist Dir aufgefallen, dass auf Deiner Seite des Weges Blumen blühen, aber auf der Seite der anderen Schüssel nicht? Ich habe auf Deiner Seite des Pfades Blumensamen gesät, weil ich mir Deiner Besonderheit bewusst war. Nun gießt Du sie jeden Tag, wenn wir nach Hause laufen. Zwei Jahre lang konnte ich diese wunderschönen Blumen pflücken und den Tisch damit schmücken. Wenn Du nicht genauso wärst, wie Du bist, würde diese Schönheit nicht existieren und unser Haus beehren."

Asiatische Weisheit, Autor unbekannt

Zitate

*Nicht Sprüche sind es, woran es fehlt,
die Bücher sind voll davon.
Woran es fehlt, sind Menschen, die sie anwenden.*
-Epiktet-

Die Hoffnung ist der Regenbogen über dem herabstürzenden Bach des Lebens.
Friedrich Nietzsche

"Und ich habe mich so gefreut!" sagst Du vorwurfsvoll, wenn Dir eine Hoffnung zerstört wurde. „Du hast ich gefreut - ist das nichts?"
Marie von Ebner-Eschenbach

Es ist besser, ein einziges kleines Licht anzuzünden, als die Dunkelheit zu verfluchen.
Konfuzius

Es gibt überall Blumen für den, der sie sehen will.
Henri Matisse

Wer nichts waget, der darf nichts hoffen.
Friedrich Schiller

Jeder Tag ist ein neuer Anfang.
Thomas Stearns Eliot

Wer eine Hoffnung begräbt, hat auch eine Zukunft beerdigt.
Unbekannt

Hoffen heißt, den Glauben an Enttäuschungen langsam verlieren.
Unbekannt

Wer hofft, hat schon gesiegt und siegt weiter.
Unbekannt

Hoffnung ist die Notbremse in allen Lebenslagen.
Unbekannt

Wer nicht hofft, wird nie dem Unverhofften begegnen.
Julio Cortázar

Raube dem Pilger die Hoffnung an sein Ziel zu gelangen, und die Kräfte des Wanderers brechen zusammen.
Wilhelm von Saint-Thierry

Ein Schiff sollte man nicht an einen einzigen Anker und das Leben nicht an eine einzige Hoffnung binden.
Epiktet

Die Hoffnung ist zur Hälfte Mut.
Honore de Balzac

Hoffe nicht ohne Zweifel, zweifle nicht ohne Hoffnung.
Seneca

Jede Hoffnung ist eigentlich eine gute Tat.
Johann Wolfgang von Goethe

Mut und Liebe haben eines gemeinsam: Beide werden von der Hoffnung genährt.
Napoleon Bonaparte

Der Langsamste, der sein Ziel nur nicht aus den Augen verliert, geht noch immer geschwinder, als der ohne Ziel herumirrt.
Ferdinand de Lesseps

In allen Dingen ist Hoffen besser als Verzweifeln.
Johann Wolfgang von Goethe

Wer kämpft, kann verlieren. Wer nicht kämpft, hat schon verloren.
Unbekannt

Schenkt Dir das Leben Zitronen, mach Limonade daraus.
Unbekannt

Genau genommen leben sehr wenig Menschen in der Gegenwart. Die meisten bereiten sich vor, demnächst zu leben.
Jonathan Swift

Leben, das ist das Allerseltenste in der Welt, die meisten Menschen existieren nur.
Oscar Wilde

Wenn Du das Leben liebst, dann vergeude keine Zeit, denn daraus besteht das Leben.
Benjamin Franklin

GASTBEITRAG
von Familientherapeutin Birgit Dellwig

Dankbarkeit und Hoffnung

Dankbarkeit und Hoffnung bringen wir häufig mit **spirituellen** Gedanken in Verbindung. In vielen christlichen Liedern finden wir Texte über Dankbarkeit. In Kirchen und anderen spirituellen Einrichtungen finden die Menschen Zeit inne zu halten. Um überhaupt im Alltag dazu zu kommen Dankbarkeit zu entwickeln, braucht es etwas Muße. Im alltäglichen Handeln kommt es häufig zu kurz - inne zu halten, Dinge zu betrachten und dankbar zurückzuschauen. Viele Ereignisse die uns erfreuen - Kleinigkeiten, wie die Blumen auf der Wiese, ein wärmender Sonnenstrahl - gehören oft zu den Momenten der Dankbarkeit.

Aber auch Momente in unangenehmen Situationen. Diese **Momente,** die unser Leben geprägt haben. Herausforderungen, denen wir zunächst nicht gewachsen waren, an denen wir aber reifen durften. Herausforderungen, die uns kurzzeitig oder längerfristig beschäftigen, sind oft Baustellen aus denen wir lernen konnten. Vielleicht auch eine Zeit, in der wir Fehler begangen haben. - Danke Fehler, Du bist mein Lehrmeister - Danke, dass ich daraus lernen durfte.

Negative und positive Ereignisse, für die wir dankbar sind. Ich meine eine Art von Dankbarkeit, die von Herzen kommt. Nicht die aufgesetzte und Kopf gesteuerte Dankbarkeit. Nicht die aus einem schlechten Gewissen heraus produzierte **Dankbarkeit.** Nein, ich meine die, die aus tiefster Seele mit mir verbunden ist, diese Dankbarkeit die aus dem tiefsten Herzen kommt, die die mich trägt und bewegt.

Gerade genau aus dieser tiefen Dankbarkeit heraus entsteht die Hoffnung.

Die Hoffnung nach **Lösungen,** die ich vielleicht nicht für möglich gehalten habe. Hoffnung hat auch immer etwas mit Veränderung zu tun - wo sich etwas verändert kann die Hoffnung Früchte tragen. Um dieses Gefühl zu erinnern, können wir daraus auch eine gute Hoffnung entwickeln, denn Hoffnung braucht Erinnerung und Zuversicht.

"**Hoffnung** ist ein signifikanter Faktor oder ein Bestandteil von **Veränderung**". - Virginia Satir (Sozialarbeiterin, sie war eine der bedeutendsten Familientherapeutinnen).

In der Hoffnung selbst besteht bereits der Wunsch nach Veränderung. Im Kopf entstehen Ideen, wie es anders aussehen könnte. Bleiben wir beim Alten, hat die Hoffnung erst im Kopf begonnen und nicht im tiefsten Herzen.

„Man sieht nur mit dem Herzen gut. Das Wesentliche ist für die Augen unsichtbar". -
Antoine de Saint-Exupéry

Wie können wir die Hoffnung vom Kopf in das Herz transportieren? Vielleicht, wenn wir die Dinge aus dem Herzen heraus tun. Manchmal gelingt es uns. Und wenn wir ganz fest daran glauben, gelingt es vielleicht noch besser.

Mein persönlicher Dank gilt der Familientherapeutin Virginia Satir, die durch ihre Glaubsätze viel Hoffnung in die Welt getragen hat. Folgenden Glaubenssatz finde ich in diesem Zusammenhang sehr wertvoll:

„Ich glaube daran, dass das größte Geschenk, das ich von jemandem empfangen kann, ist, gesehen, gehört, verstanden und berührt zu werden. Das größte Geschenk, das ich geben kann, ist, den anderen zu sehen, zu hören, zu verstehen und zu berühren. Wenn dies geschieht, entsteht Kontakt". -Virginia Satir-

Denn Glaube, Hoffnung und Dankbarkeit hat ganz viel damit zu tun, dass Menschen sich begegnen. Menschen, die sich gegenseitig Hoffnung und Zuversicht schenken. Daraus kann wiederum eine tiefe Dankbarkeit entstehen.

Danke, dass ich dieses schreiben durfte!!!
Ich wünsche Euch viele gute Begegnungen!!!!

Birgit Dellwig
(Familientherapeutin / Psychotherapeutin nach HPG)
Praxis: http://dellwig-beratung.jimdo.com/

Schlusswort

**„Mit dem Leben ist es wie mit einem Theaterstück.
Es kommt nicht darauf an, wie lang es ist,
sondern wie bunt."**
Lucius Annaeus Seneca

Der Mensch ist ein Wunder – das erschließt sich mir immer mehr. Die Psyche, der Körper, der Geist – es wird geforscht und entdeckt und doch ist all dies noch ein Mysterium. Schon seit Jahrtausenden wird in der Heilkunde der Mensch als Ganzes betrachtet.

Leider ist dieser Ansatz zeitweise verloren gegangen, ist aber zum Glück wieder auf dem Vormarsch. Heutzutage spüren die Menschen wieder zunehmend, dass es einen engen Zusammenhang zwischen Körper, Geist und Seele gibt.

Sehr viele Symptome lassen sich nicht auf eine organische Erkrankung zurückführen und dennoch leiden diese Patienten unter diversen Beschwerden. Schulmediziner sind oft mit „ihrem Latein" am Ende, Homöopathen frohlocken und die Alternativmedizin blüht auf. Ich selbst habe enorme Hilfe und Erleichterung durch Homöopathie (in einer wirklichen und ernsthaften konstituierenden Behandlung) erlebt und glaube auch fest an Heilverfahren wie Osteopathie und Anderes, was natürlich jedem selbst überlassen sei. Oft dauert es viele Jahre, bis ein Patient auf einen kompetenten Arzt trifft, der psychosomatische Zusammenhänge versteht und ihm helfen kann. Und doch geben diese Menschen die Hoffnung nicht auf – sie suchen weitere Ärzte auf, informieren sich grundlegend und versuchen meistens, sich ihr Leben auf den Gegebenheiten aufzubauen oder aufrecht zu erhalten.

Hoffen ist ein „Lebens-Elixier", ein Motor, der uns vorantreibt, der uns Kraft und Energie beschert und uns somit im Alltag hilft und auf die Zukunft vorbereitet. Ich wünsche jedem Leser HOFFNUNG, ZUVERSICHT und VERTRAUEN. Haben Sie den Mut, sich auf Neues einzulassen, probieren Sie aus, üben und trainieren Sie uns seien Sie sich immer bewusst, dass Sie Ihr BESTES geben – Rückschläge und Fehlschläge sind absolut ok – sie gehören dazu. Aufstehen ist wichtig und weiter machen!!!

Ich stelle mir ein Leben ohne Hoffnung öde vor, traurig und leer. Deshalb habe ich Sie mitgenommen auf meine Reise der Hoffnung und HOFFE, dass ich ihnen etwas „mitgeben" konnte, Sie zum Nachdenken und Schmunzeln gebracht habe und Sie für sich etwas aus dem Geschriebenen herausfiltern und mitnehmen können auf IHREN Weg der Hoffnung – hinaus aus dem Dunkeln, hinein ins Licht – losgelöst vom pessimistischen Denken und auf dem Weg zum Optimismus. Das wünsche ich Ihnen.

Sollten Sie Interesse bekommen haben und noch tiefer einsteigen wollen in das Erlangen von Selbstbewusstsein und Handlungsfähigkeit, kann ich Ihnen mein Buch „Akzeptanz und Bewältigung chronischer Krankheiten und Depressionen" empfehlen, ebenso wie den

Vorgänger dieses Buches: „Die Reise zum Glück / Der Weg ist das Ziel!". Dort bin ich noch tiefer in die Materie eingestiegen. Mir geht es nie darum, jemanden zu brüskieren oder meine Ideen als die alleinig Richtigen anzusehen. Das muss einfach jeder für sich entscheiden. Aber manchmal ist es sehr hilfreich, wenn man Denkanstöße bekommt. Ich hoffe, dass mir dies gelungen ist.

Und zum Schluss noch ein Fazit und eine Erkenntnis, warum manche Menschen immer wieder die Kraft haben aufzustehen und voller Optimismus weiter zu machen:

Willy Brandt sagte: **„Es gibt kaum hoffnungslose Situationen, solange man sie nicht als solche akzeptiert"**.

Vielleicht liegt darin ein Stück des Geheimnisses. Denn diese Menschen, die oft auch „Stehaufmännchen" genannt werden, finden scheinbar immer irgendeinen Ausweg. Offensichtlich besitzen sie die Kraft, dort Licht am Ende des Tunnels zu sehen, wo andere bereits aufgeben. Noch dazu scheinen sie (während anderen alles als völlig aussichtslos erscheint) zu wissen, was es als nächstes zu tun gibt. Weniger optimistische und hoffende Personen sind noch lange planlos und irritiert.

Das hoffnungsvolle „Weitermachen" und selbst in der Niederlage noch nach vorne schauen zu können – das ist gelebte Resilienz - das heißt die Kraft zu besitzen, selbst aus einer deprimierenden und aussichtslos erscheinenden Situation noch das Beste herauszuholen und somit wieder ins volle Leben zurückkehren zu können.

Und noch einmal der Hinweis: mit solch einem Buch kann man keine (schwerwiegenden) Störungen einzelner Menschen „behandeln" – es dient einfach nur als Anstoß und Anregung – gepaart mit Hintergrundinformationen und Illustrationen. ☺

Ich hoffe, ich konnte Sie mit diesem Büchlein etwas ermuntern, Ihr Bewusstsein etwas erweitern und Sie neugierig machen und Ihnen einfach eine kleine Freude bereiten!

Von Herzen alles Liebe für Sie,

Heike Führ

DANKE

Wie immer danke ich ganz besonders meinen treuen Lesern und Followern! Ohne Euch wäre es sinnlos, diese Bücher zu schreiben. Danke für Euer Feedback und dass Ihr immer wieder mit mir auf die Reise zu neuen Entdeckungen geht. So können wir gemeinsam den Alltag besser bewältigen.

Ein besonderer Dank gilt auch in diesem Buch Norbert Dittmar, der mir seine wundervollen Fotos zur Verfügung gestellt hat. Ich genieße sie täglich auf Facebook und spüre, dass ganz oft Emotionen dabei hochkommen. Deshalb wollte ich mit diesen farbenfrohen und detaillierten Bildern gerne auch den Leser teilhaben lassen und erfreuen! Danke auch für Deine mittlerweile wirklich enge Freundschaft!

Ich danke meinem Mann, meinen Kindern und meiner Familie. Ihr bereichert mein Leben, lasst mich HOFFNUNG spüren und erleben und somit LEBEN.

Ein Dank an all meine wahren Freunde – es gibt sie zum Glück. ☺

Und noch ein besonderes Dankeschön an Birgit Dellwig, die sich angeboten hat, einen Gastbeitrag zu schreiben, der so gut zum Thema des Buches passt und einfach nur stimmig ist. Außerdem beleuchtest Du das Thema nochmal auf eine andere Art und Weise – und diese ist für uns alle nur bereichernd!

LINKS:

http://www.multiple-arts.com
http://www.dmsg.de
http://www.amsel.de
http://www.psychotipps.com/unterbewusstsein.html
http://www.wikipedia.de
http://www.pixabay.com

In der Brust
brennt ein Feuer.
Nenne es Sehnsucht,
nenne es Fernweh.
Doch die volle Wahrheit verlangt,
dass Du es nennst:
Sehnsucht nach Leben.
  © Dr. Carl Peter Fröhling

by MULTIPLE-ARTS.com

Die Bücher der Autorin:

HALLO MS

"MS: 2 Buchstaben, die eine vermeintlich geordnete Welt von heute auf morgen auf den Kopf stellen". So beschreibt Heike Führ den Tag ihrer Diagnosestellung. Wie sie ihren Alltag mit einer solch tückischen und bis lang noch unheilbaren Krankheit meistert, beschreibt sie vor allem mit viel Humor und reflektiert in einer gelungenen Mischung aus Problematisierung und Relativierung. Nie werden die Herausforderungen der Krankheit geleugnet und doch triumphiert immer ihr optimistischer Kampfgeist und zeigt eindrucksvoll und selbstkritisch ihren eigenen Weg der Lebensfreude. Die Autorin weigert sich zu resignieren und erzählt ihre kleinen Alltagsfreuden, gespickt mit den Unwägbarkeiten, die durch ihre MS-Symptome unweigerlich dabei sind. "Hallo MS": nicht mehr, nicht weniger. Ein Buch, das Mut macht und Hoffnung weckt, das Anteilnahme authentisch vermittelt, Hilfestellung für den Alltag gibt und sowohl Betroffenen, als auch Angehörigen einen Einblick in die emotionale Verfassung eines chronisch kranken Menschen bietet, Ängste und Sorgen aufzeigt, aber dabei immer nach vorne schaut und niemals vor Selbstmitleid trieft. Kurzweilig und sehr alltagsnah - somit für Jedermann interessant.

242 Seiten, ISBN: 978-3-945015-07-0
19,90 Euro

Bewältigung chronischer Krankheiten und Depressionen
Für Angehörige und Betroffene

BEWÄLTIGUNG einer chronischen Erkrankung, Bewältigung von Depressionen und der Umgang mit diesen: das ist das Thema des Buches. Die Autorin, selbst an MS erkrankt, nutzt ihre Erfahrung als erfolgreiche Bloggerin und den damit verbundenen vielfältigen Kontakten zu chronisch Kranken und bereichert das Buch mit fachlichen Informationen rund um Depressionen, über das Erschöpfungssyndrom (Fatigue), das auch bei vielen Krebspatienten auftritt und über chronische Krankheiten im Allgemeinen.

Sie zeigt Bewältigungsstrategien auf und untermauert diese mit wertvollen pädagogischen Erklärungen und vermittelt somit nicht nur Bewältigungsstrategien für schwer Erkrankte, sondern auch für das Leben an sich!

Ein besonderes Augenmerk liegt auf den Angehörigen chronisch Kranker – ihnen ist ein komplettes Kapitel gewidmet, denn die Erkrankung betrifft auch immer das soziale Umfeld des Betroffenen.

Ein Ratgeber für den Weg zu einem erfüllten Leben, untermalt mit vielen farbigen Fotos und Sprüchen.

Buchdaten:
Heike Führ
Bewältigung chronischer Krankheiten und Depressionen / Für Angehörige und betroffene
Verlag: BoD
ISBN 9783739245331
228 (23 farbige) Seiten
12,99€

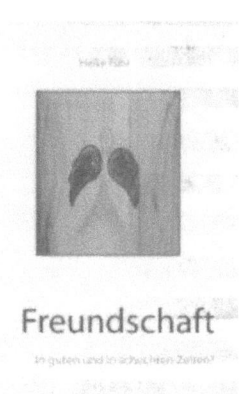

FREUNDSCHAFT
In guten und in schlechten Zeiten?

Die routinierte und mittlerweile sehr erfahrene Autorin und Bloggerin Heike Führ widmet sich dem Thema Freundschaft in allen Facetten. Da sie auf Grundihrer vielfältigen Zusammenarbeit mit den unterschiedlichsten Menschen diesem wichtigen Thema immer wieder begegnet, wollte sie dem Prinzip von Freundschaften auf den Grund gehen. Das Buch ist als kleiner Ratgeber zu verstehen – es vermittelt wichtige Hintergrundinformationen, bezaubert mit Anmerkungen und selbst geschriebenen Texten über eigene Erfahrungen, sowie mit entsprechend passenden Grafiken. Ein Buch zum Lernen und Genießen, zum Schmunzeln und Erkennen. Es beleuchtet „Freundschaften" in all ihren wundervollen Möglichkeiten und Chancen, aber auch in Trennung und Schmerz, sowie Mobbing und Lästern, Neid und Missgunst.

Gedankenspiele rund um Freundschaften/Beziehungen, beste Freundinnen und Männerfreundschaften. Ernsthaft, humorvoll und locker – eine liebevolle Lektüre mit der Hommage an wahre Freundschaften!

Betrachten Sie das Büchlein als kleinen Wegweiser, um Hintergründe besser verstehen zu können und daraufhin dann adäquater handeln zu können. Nur wenn man begreift, was im Anderen vor sich gehen könnte, kann man Missverständnisse vermeiden oder gar aus dem Weg räumen.

Freundschaft – In guten und in schlechten Zeiten?
BoD – Books on Demand, Norderstedt
ISBN: 9783741238109
168 zum Teil farbige Seiten
9,99 Euro

Der Tanz durchs Leben
-Autorin von „HALLO Ms"

Wie bereits in ihren acht anderen MS-Büchern entführt uns die mittlerweile sehr routinierte und erfahrene Autorin und Bloggerin Heike Führ in ein Leben mit MS – Es ist ein abwechslungsreicher Tanz durchs Leben. Sie zeigt wieder einmal mit viel Optimismus, voller Lebensfreude und Tatendrang auf, dass sich das klare und kritische Benennen der MS-Symptome lohnt, da man sich ihnen damit stellt und sie zu bewältigen lernt. Ein klarer Weg der Lebensfreude, gepaart mit Lebendigkeit und der Weigerung aufzugeben. Ein sehr lebenbejahendes Buch, das außerdem noch mit vielen fachlichen Infos aufwartet. Emotionen, Tipps, und ein JA zum Leben – ein Buch auch für Angehörige, da es deutlich erklärt, wie ein chronisch Kranker fühlt und dies alles wertfrei und liebevoll. Ebenso geht die Autorin auf die Sichtweise von Angehörigen ein und widmet den Angehörigen ein gesondertes Kapitel. Ein Buch zum Wiedererkennen und Lernen, zum Schmunzeln und Verstehen. Kurzweilig und am Puls der Zeit - somit für Jedermann interessant.

„Der Tanz durchs Leben"
284 zum Teil farbige Seiten
Verlag: BoD
ISBN 9783842350564
14,99€

UNSICHTBARE Symptome

Nach dem erfolgreichen Erstlingswerk „Hallo MS" und dem kleinen Ratgeber „SEXUALITÄT/Tipps bei chronischen Erkrankungen", nimmt sich die Autorin diesmal den „UNSICHTBAREN SYMPTOMEN" der MS (Multiple Sklerose) an. Sätze wie „Du siehst gar nicht krank aus!", oder gut gemeinte Ratschläge, wie „Du musst Dich nur mal ordentlich ausschlafen", kann kein ernsthaft Erkrankter mehr hören. Heike Führ erklärt anschaulich die unsichtbaren Symptome der MS. Ihre Texte sind voller Emotionen, Optimismus, Lebensmut und auch Sarkasmus geschrieben. Sie beschreiben sowohl Betroffenen, als auch Angehörigen in aller Deutlichkeit, warum nicht sichtbare Symptome ebenfalls ein ernstzunehmendes Problem darstellen. Außerdem zeigt sie auf, wie kränkend es für Betroffene ist, wenn man diese Symptome nicht wahrnimmt und ihnen vor allem keinen Glauben schenkt. Nicht nur für MS`ler und Außenstehende, auch für viele andere chronisch Kranke ist dieses Buch Balsam auf der Seele.

Taschenbuch: 84 Seiten - Verlag: Books on Demand; Auflage: 1 (22. Januar 2015)
ISBN-10: 3734755646
6,99 Euro

**Intimität ist mehr als Sex –
Wenn SEX zur Nervensache wird…**

Kaum ein Gebiet ist so intim, Scham – und Angstbesetzt, wie die eigene und die Paar-Sexualität. Und kaum etwas anderes in einer Beziehung macht uns so verletzlich. Dabei ist Sexualität eine wundervolle Möglichkeit, Nähe zum geliebten Partner herzustellen und zu halten, oder in schwierigen Lebensphasen nicht den „Kontakt" zueinander zu verlieren. Aber besonders wenn ein Paar mit der Diagnose einer chronischen Erkrankung, wie z. B. MS, konfrontiert wird, versteht man, wie wichtig es ist, sich gegenseitig zu begreifen. Hier hilft die Autorin mit Ratschlägen, die sie auf Grund vieler Recherchen und Interviews mit an „Multipler Sklerose" - Erkrankten führte. Aber auch für Singles hält die Autorin Vorschläge bereit! Alltagsnah und somit sowohl für „Gesunde" als auch für chronisch Kranke, ist dieses Buch ein Begleiter in Sachen Sexualität. Behutsam wird der Fokus auf das gegenseitige Verstehen und Vertrauen gelenkt und zeigt Gesprächs-Formen auf. Ein kurzweiliger und lebensnaher kleiner Ratgeber, der in keinem Haushalt fehlen sollte.

Taschenbuch: 68 Seiten - Verlag: Books on Demand; Auflage: 1 (24. September 2014) - ISBN-10: 3735793991, 5,99 Euro

Smiley erklärt Kindern MS

Dieses anrührende Kinderbuch beschreibt an Hand von dem süßen Mischlingshund Smiley und seinen beiden Freunden Fine und Balou anschaulich und sehr kindgerecht, was Multiple Sklerose (MS) ist. Smiley erklärt äußerst behutsam auf der Ebene des Kindes, wie sich MS äußern kann und wie es einem betroffenen Elternteil oder anderen betroffenen Angehörigen und Freunden mit MS gehen kann. Mit schönen authentischen Fotos und lustigen Geschichten aus seinem Hundeleben verknüpft er diese Botschaft so zartfühlend und hinreißend, dass Kinder bei der Begeisterung über den Hund Smiley und seine Freunde die Dramatik einer chronischen Erkrankung zwar begreifen, sie aber niemals als bedrohlich erleben. Die Autorin hat sich ihre jahrzehntelange Berufserfahrung als Erzieherin mit vielen pädagogischen und psychologischen Weiterbildungen zu Nutze gemacht und empathisch ein Kinderbuch, das auch gleichzeitig ein Ratgeber ist, geschrieben. Ein Buch, das man auch Erwachsenen zum besseren Verständnis der MS in die Hand drücken kann.

**Der komplette Erlös geht an
den Tierschutzverein Santorini e.V.**

Taschenbuch: 48 Seiten - Verlag: Books on Demand; Auflage: 2 – mit farbigen Fotos, ISBN-10: 373476730X, 5,99 Euro

FATIGUE und UHTHOFF-PHÄNOMEN

MS (Multiple Sklerose) ist die Krankheit mit den 1000 Gesichtern. Autorin Heike Führ hat bereits 5 MS-Begleitbücher geschrieben und widmet sich hier jenen zwei UNSICHTBAREN Symptomen der MS, die sie aus eigener Erfahrung sehr gut kennt. Denn gerade die unsichtbaren Symptome schränken das Leben eines MS`lers ein, da sie man ihnen oft nicht glaubt. Die Fatigue und das Uhthoff-Phänomen belasten den MS- Alltag teilweise so allumgreifend und zerstörerisch, dass viele Betroffene bereits früh die Erwerbsminderungsrente erhalten und ihr Leben nach diesen beiden Symptomen ausrichten müssen. Mit wichtigen fachlichen Infos und ihren Geschichten beschreibt die Autorin diese beiden Symptome – einmal sachlich, dann wieder emotional und humorvoll. MS`ler werden sich in den Texten wiederfinden und Angehörige können endlich diese schrecklichen Symptome verstehen.

Bei Bestellung über (www.lesend-helfen.de) gehen 30% des Kaufpreises an die DMSG/ BAER (Kinder mit juveniler MS)

Taschenbuch 99 Seiten –
Verlag: Esch-Verlag - ISBN: 978-3-95555-067-7
8,99 Euro

Die Reise zum Glück – Der Weg ist das Ziel

Ein Buch für alle Sinne – zum Anschauen und Genießen, zum Verstehen und Lernen.

Der Weg zum Glück –nicht als Wettbewerb, sondern mit Freude und Achtung der eigenen Persönlichkeit.

Dass Glücksempfinden auch mit einer chronischen Erkrankung möglich ist, zeigt Autorin Heike Führ noch zusätzlich mit liebevoll gestalteten Bildern, Zitaten, Texten und vielen wissenschaftlichen Recherchen auf.

Ein Buch für Gesunde ebenso wie für Gehandicapte – Entspannung pur, viele Anregungen und Tipps.

„Der Weg ist das Ziel" könnte das Motto des Buches sein – geht es eigentlich nur um das wahrnehmen der kleinen großen Dinge im Leben.

„Die Reise zum Glück"
204 Seiten (z. Teil farbig) / Verlag: BoD
ISBN: 9-783739-200897
12,99€

SMILEY – Der kleine Frechdachs mag nicht duschen

Schon in Band 1 „SMILEY bellt HALLO MS!" erzählt der süße und quirlige Mischlingshund witzige und amüsante Geschichten aus seinem Hundeleben. Nun geht es detaillierter mit all seinen Anekdoten weiter.

Autorin Heike Führ setzt ihre Ausbildung als Erzieherin sinnvoll und kindgerecht ein, indem sie lustig viel Wissen über die Natur, den Straßenverkehr und Vieles mehr vermittelt. Smiley wird zu einem Vorbild und liebevollem Begleiter, der zusammen mit seiner schlauen Hunde-Freundin Fine den Kindern unterbewusst wichtige Werte vermittelt.

Die Sprache ist kindgerecht und doch auch fordernd – ein wichtiger Ausgleich in der Pädagogik.

SMILEY – der kleine Frechdachs mag nicht duschen
104 zum Teil farbige Seiten / Verlag: BoD
ISBN 9 783739 218250
7,99 Euro

Alltags-Tipps bei MS / Praktische Hilfen

„Alltags-Tipps in vielerlei Hinsicht – das ist die Intention des Buches. Je nach Verlauf und je nach Ausprägung der „tausend Gesichter" der MS wird sich auch der jeweilige Alltag gestalten. Die routinierte Autorin gibt praktische Tipps zu Hilfsmitteln oder Alltags-Situationen ebenso, wie sie mit fachlichen Infos zur Seite steht. Ein Buch zum Lernen und auch Zurücklehnen, zum Schmunzeln und sehr hilfreich mit all den vielfältigen Anregungen. Für MS`ler ist es ebenso geeignet, wie auch für andere körperlich Behinderte.

Lebensnahe auf die Praxis bezogene Tipps bilden den Hauptteil. Sie rundet all dies mit ihren authentischen Texten rund um Behinderungen, wie beispielsweise Multiple Sklerose, ab und hilft damit sowohl Betroffenen, als auch Angehörigen enorm."

„Alltags-Tipps bei Multiple Sklerose"
Verlag: BoD, 128 Seiten
ISBN: 9783739224664
Euro: 7,99.-

Kinder mit MS

MS-Diagnose: ein Schock!

Aber es ist so wichtig, allen Beteiligten deutlich zu machen, dass es sich zwar um eine momentan noch unheilbare Erkrankung handelt, dass sie aber keineswegs zwangsläufig im Rollstuhl oder mit völliger Hilflosigkeit enden muss. Das Motto des Buches: „MS ist nicht das Ende, sondern nur ein neuer Anfang!"

3-5% der Betroffenen bekommen die Diagnose vor dem 17. Lebensjahr. Es türmen sich Fragen, Ängste und Sorgen, Nöte und vor allem eins: Unsicherheit! Die Zukunft, die bis eben noch überschaubar war, bekommt große Risse, wird unkalkulierbar und unvorhersehbar. Wie mag es Eltern gehen, wenn ihr Kind diese Diagnose erhält? Kaum auszumalen dieser Schock und diese Emotionen, die die Eltern dann überfluten. Wie geht es dem Kind / Jugendlichen, wenn es solch eine Diagnose erhält?

Autorin Heike Führ, die bereits 7 MS-Begleitbücher geschrieben hat, widmet sich nun diesem speziellen Thema rund um die kindliche MS. Mit fachlichen Infos, Tipps und pädagogisch-psychologischen Überlegungen gestaltet sie dieses Buch. MS ist die Krankheit der 1000 Gesichter und so unterschiedlich verläuft sie auch.

ISBN: 9 783739 228792 / 6,99€

Fachbegriffe bei MS

Dieses Büchlein ist ein Wegweiser durch den Dschungel der medizinischen Fachbegriffe und vor allem durch das Chaos der komplizierten Ausdrücke rund um Multiple Sklerose (MS). Aber auch viele andere chronisch Kranke werden hier ein sehr hilfreiches Nachschlagewerk finden.

Taschenbuch: 88 Seiten - Verlag: A.S. Rosengarten-Verlag;
Auflage: 1. (3. April 2015)
ISBN-10: 3945015162
10,90 Euro

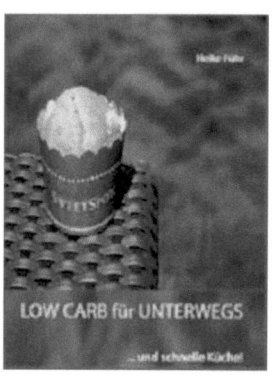

LOW CARB für UNTERWEGS

Low Carb muss nicht kompliziert sein. Aus eigenem Interesse hat die Autorin schnelle, einfache und sinnvolle Rezepte für „UNTERWEGS" zusammengestellt. Praktisch und auch für den „kleinen Hunger zwischendurch" mit Tipps und vielen bunten Fotos zu den Rezepten.

Essen für unterwegs kann etwas sein, das man „aus der Hand" essen möchte, oder sich in einem Behälter plus Besteck mitnimmt.

Beide Rezept-Varianten sind hier vertreten.

LOW CARB für Eilige – hier werden Sie fündig!

Taschenbuch: 84 Seiten (mit farbigen Fotos zu den Rezepten)
Heike Führ
Verlag: Books on Demand; Auflage: 1 (15. August 2016)
ISBN-13: 978-3738617139
6,99€

und: LOW CARB VEGETARISCH

Gedächtnis-Störungen bei MS
Kognitive Leistungsstörungen

Jeder kennt es, wie schnell man etwas vergessen kann.

MS'ler sind individuell sehr unterschiedlich von kognitiven Leistungsstörungen betroffen. Die Probleme reichen von Störungen des Gedächtnisses oder der komplexen Aufmerksamkeit, dem Handeln und Tun, der Eigenwahrnehmung bis hin zu Schwierigkeiten beim Sprechen. Meist sind die Sprache, die visuelle Wahrnehmung und die einfache Aufmerksamkeit seltener betroffen. Verhaltensänderungen kommen vor, aber ebenso wie ein schwerwiegender kognitiver Abbau zum Glück eher seltener.

Wortfindungsstörungen und Erinnerungslücken sind typische Merkmale. Die Autorin ist seit 1994 selbst an MS erkrankt und berichtet sowohl aus ihrem Leben, als auch aus dem Leben vieler anderer Betroffener. Sie klärt mit vielen fachlichen Informationen, ihren gewohnten Texten und vielen Beispielen über dieses unsichtbare Symptom der MS auf und fügt einige Tipps und vor allem Therapie-Möglichkeiten bei.

152 Seiten
ISBN 978-3-8482-2160-8
€ 8,99